国家农业数据报告

非洲11国（2020版）

刘敏娟　袁　雪　赵婉婧　王　新　主编◎

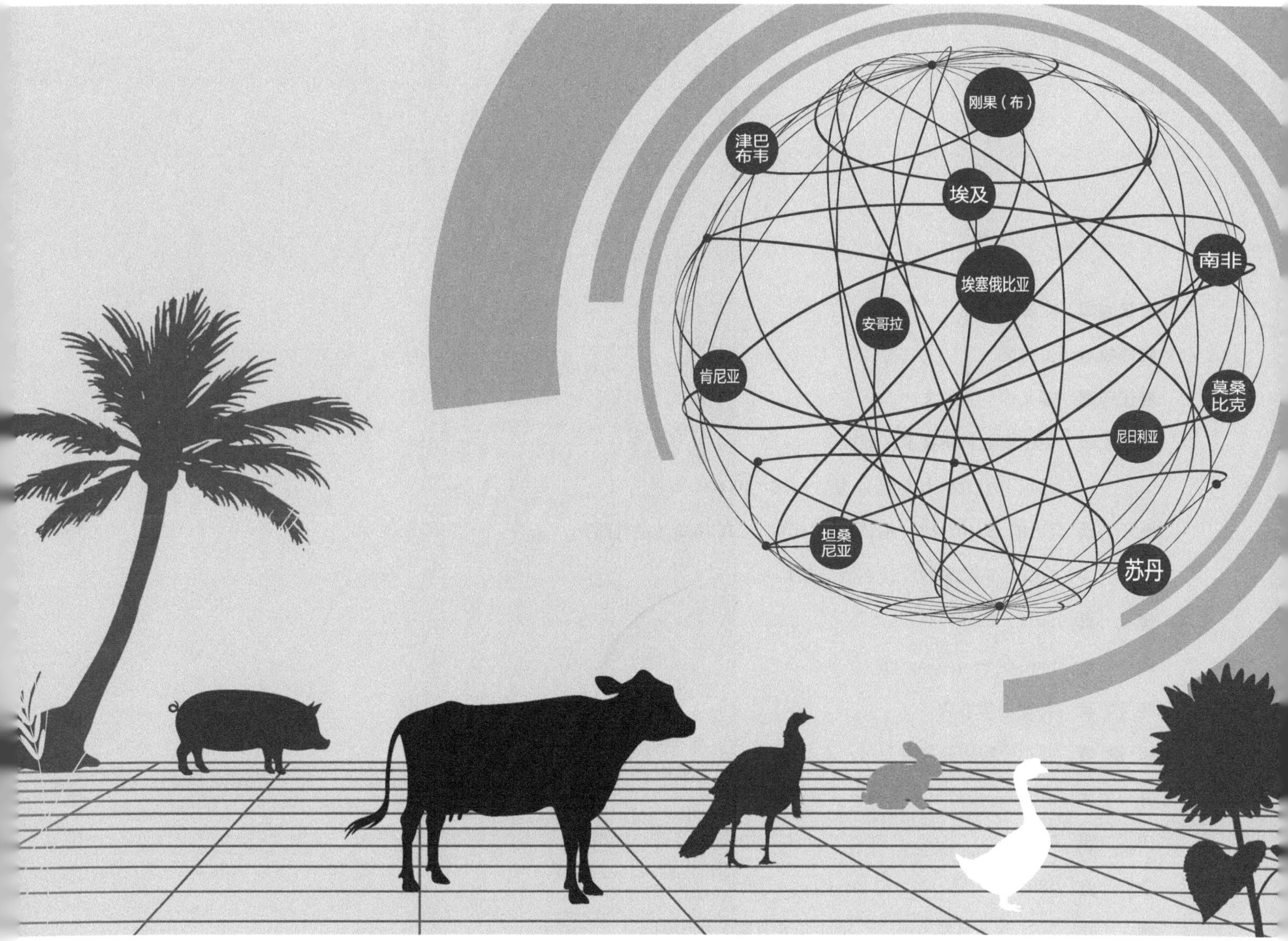

本书为中国农业科学院基本科研业务费项目（项目编号：Y2017ZK03）及
中国农业科学院科技创新工程项目（项目编号：CAAS-ASTIP-2016-AII）成果

中国农业科学技术出版社

图书在版编目（CIP）数据

国家农业数据报告：非洲 11 国：2020 版/刘敏娟等主编. --北京：中国农业科学技术出版社，2021.8

ISBN 978-7-5116-5427-4

Ⅰ.①国… Ⅱ.①刘… Ⅲ.①农业发展-研究报告-非洲 Ⅳ.①F34

中国版本图书馆 CIP 数据核字（2021）第 147674 号

责任编辑 史咏竹

责任校对 贾海霞

责任印刷 姜义伟 王思文

出 版 者 中国农业科学技术出版社

北京市中关村南大街 12 号 邮编：100081

电　　话 （010）82105169（编辑室）（010）82109702（发行部）

（010）82106629（读者服务部）

传　　真 （010）82106626

网　　址 http://www.castp.cn

经 销 者 各地新华书店

印 刷 者 北京建宏印刷有限公司

开　　本 210 mm×297 mm 1/16

印　　张 7.25

字　　数 189 千字

版　　次 2021 年 8 月第 1 版 2021 年 8 月第 1 次印刷

定　　价 46.00 元

《国家农业数据报告：非洲11国（2020版）》
编委会

主　　编　刘敏娟　袁　雪　赵婉婧　王　新

副 主 编　王鹭飞　卢　垚

编写人员　王　婷　江　浩　陈　莉　马　鑫　董　越　陈斯翰　刘洪冰　吴定峰　张会娜　郝博文

目 录

1 埃　及

1.1　国家基础数据

埃及地跨亚洲、非洲，隔地中海与欧洲相望；大部分位于非洲东北部，只有苏伊士运河以东的西奈半岛位于亚洲西南部；西与利比亚为邻，南与苏丹交界，东临红海并与巴勒斯坦、以色列接壤，北临地中海；国土面积100.1万平方千米，其中农业用地面积3.73万平方千米，年均降水量51毫米；人口数量为1.02亿人，其中农村人口为5 749.2万人，占总人口的比例为57.27%，农业就业人员占就业人口比例为23.29%；国民生产总值（GDP）为2 508.95亿美元，农业增加值占GDP的11%。

1.2　农产品生产情况

1.2.1　种植业生产情况

依据2018年联合国粮食及农业组织（FAO）官方数据，统计分析埃及种植业产品生产情况，分别从农作物初级品产量、农作物初级品播种面积、农作物加工品产量不同维度对埃及主要农产品生产规模（表1－1）及全球位次等进行展示，情况如下。

（1）农作物初级品产量

2018 年埃及主要农作物初级品产量：甘蔗 15 823 103 吨；糖（用）甜菜 10 377 371 吨；小麦 8 348 629 吨；番茄 6 777 754 吨（全球排名 21/197[①]，占全球产量比例 3.77%[②]）；玉米 5 111 236 吨（全球排名 49/198，占全球产量比例 0.45%）；马铃薯 4 960 062 吨（全球排名 37/187，占全球产量比例 1.36%）；稻米 3 123 708 吨；橘子 3 085 986 吨（全球排名 23/148，占全球产量比例 4.10%）；洋葱 3 067 214 吨（全球排名 23/169，占全球产量比例 3.13%）；葡萄 1 641 075 吨。

（2）农作物初级品播种面积

2018 年埃及主要农作物初级品播种面积：小麦 1 326 401 公顷；玉米 680 025 公顷；稻米361 075 公顷；糖（用）甜菜 207 020 公顷；番茄 174 802 公顷（全球排名 22/192，占全球产量比例 3.55%）；马铃薯 171 461 公顷（全球排名 42/187，占全球产量比例 1.00%）；高粱 154 925 公顷；籽棉 141 000 公顷；甘蔗 137 572 公顷；其他新鲜蔬菜 128 792 公顷（全球排名 35/213，占全球产量比例 0.60%）。

（3）农作物加工品产量

2018 年埃及主要农作物加工品产量：粗糖（离心糖）2 600 000 吨（全球排名 37/153，占全球产量比例 1.43%）；糖蜜 845 000 吨（全球排名 38/154，占全球产量比例 1.33%）；大豆油 559 600 吨（全球排名 31/128，占全球产量比例 0.98%）；棉籽 160 406 吨；大麦啤酒 120 000 吨；棉绒80 000 吨；葵花籽油 36 000 吨；初榨橄榄油 28 800 吨；人造黄油 24 387 吨；棉籽油 18 400 吨。

表 1－1　2018 年埃及种植业生产情况

国内排名	初级品产量		初级品播种面积		加工品产量	
	产品	产量（吨）	产品	播种面积（公顷）	产品	产量（吨）
1	甘蔗	15 823 103	小麦	1 326 401	粗糖（离心糖）	2 600 000
2	糖（用）甜菜	10 377 371	玉米	680 025	糖蜜	845 000
3	小麦	8 348 629	稻米	361 075	大豆油	559 600
4	番茄	6 777 754	糖（用）甜菜	207 020	棉籽	160 406
5	玉米	5 111 236	番茄	174 802	大麦啤酒	120 000
6	马铃薯	4 960 062	马铃薯	171 461	棉绒	80 000
7	稻米	3 123 708	高粱	154 925	葵花籽油	36 000
8	橘子	3 085 986	籽棉	141 000	初榨橄榄油	28 800
9	洋葱	3 067 214	甘蔗	137 572	人造黄油	24 387
10	葡萄	1 641 075	其他新鲜蔬菜	128 792	棉籽油	18 400

数据来源：FAO 数据库。

① 全球排名 21/197，197 是指依据 FAO 统计数据源，2018 年共 197 个国家生产番茄并提供了产量数据，各国产量由高到低排序，埃及鲜番茄产量全球排名位于第 21 位，余同。

② 全球产量占比 3.77% 指依据 FAO 统计数据源，2018 年埃及番茄产量占全球总产量（世界各国向 FAO 提供鲜番茄产量数据之和）的比重为 3.77%，余同。

1.2.2 畜禽生产情况

依据2018年联合国粮食及农业组织（FAO）官方数据，统计分析埃及畜禽生产情况，分别从畜禽存栏量、畜禽初级品产量、畜禽加工品产量不同维度对埃及主要农产品生产规模（表1－2）及全球位次进行展示，数据如下。

（1）畜禽存栏量

2018年埃及主要牲畜存栏量：兔7 002 000只（全球排名11/70，占全球产量比例2.35%）；绵羊4 830 000只；牛4 394 094头；山羊3 572 000只；水牛3 445 177头（全球排名15/69，占全球产量比例1.70%）；驴1 106 170头（全球排名29/133，占全球产量比例2.22%）；骆驼85 293匹；马81 408匹；猪8 295头，骡2 998头。主要禽类存栏量：鸡162 988 000只；鹅7 084 000只（全球排名15/71，占全球产量比例1.97%）；鸭6 516 000只；火鸡3 350 000只。具体如表1－2所示。

（2）畜禽初级品产量

2018年埃及主要畜禽初级品产量：全脂牛奶2 881 549吨；水牛牛奶2 211 511吨（全球排名9/40，占全球产量比例1.67%）；禽肉1 462 841吨（全球排名49/226，占全球产量比例1.14%）；鸡肉1 324 327吨（全球排名48/226，占全球产量比例1.15%）；牛肉408 693吨；鸡蛋403 800吨；水牛肉370 131吨（全球排名9/42，占全球产量比例8.64%）；绵羊奶88 661吨；鸭肉79 703吨（全球排名21/101，占全球产量比例1.66%）；兔肉66 944吨（全球排名13/70，占全球产量比例4.86%）。

（3）畜禽加工品产量

2018年埃及主要畜禽加工品产量：脱脂牛奶654 980吨；奶酪（全脂牛奶奶酪）274 800吨；奶酪（水牛奶奶酪）222 693吨（全球排名1/12，占全球产量比例87.41%）；脱脂奶酪109 709吨；黄油（水牛奶黄油）77 505吨；奶酪（其他）74 311吨；黄油（牛奶黄油）32 142吨；鲜奶油4 662吨；生丝1吨。具体如表1－2所示。

表1－2 2018年埃及畜禽生产情况

国内排名	活动物		初级品		加工品	
	产品	存栏量（头、只或匹）	产品	产量（吨）	产品	产量（吨）
1	鸡	162 988 000	全脂牛奶	2 881 549	脱脂牛奶	654 980
2	鹅	7 084 000	水牛牛奶	2 211 511	奶酪（全脂牛奶奶酪）	274 800
3	兔	7 002 000	禽肉	1 462 841	奶酪（水牛奶奶酪）	222 693
4	鸭	6 516 000	鸡肉	1 324 327	脱脂奶酪	109 709
5	绵羊	4 830 000	牛肉	408 693	黄油（水牛奶黄油）	77 505
6	牛	4 394 094	鸡蛋	403 800	奶酪（其他）	74 311

（续表）

国内排名	活动物		初级品		加工品	
	产品	存栏量（头、只或匹）	产品	产量（吨）	产品	产量（吨）
7	山羊	3 572 000	水牛肉	370 131	黄油（牛奶黄油）	32 142
8	水牛	3 445 177	绵羊奶	88 661	鲜奶油	4 662
9	火鸡	3 350 000	鸭肉	79 703	生丝	1
10	驴	1 106 170	兔肉	66 944		
11	骆驼	85 293				
12	马	81 408				
13	猪	8 295				
14	骡	2 998				

数据来源：FAO数据库。

1.3 农产品贸易情况

依据2018年联合国商品贸易统计数据库（UN Comtrade）官方数据，序化组织农业单品种多元形态数据信息（《商品名称及编码协调制度的国际公约》HS国际贸易商品分类体系6位编码商品），例如，将马铃薯种用、非种用、粗粉、细粉、颗粒等进出口数据进行集成汇总与统计分析，分别从粮食作物及其制品、经济作物及其制品、畜禽农产品进出口额（量）不同维度展示埃及主要农产品贸易情况，数据如下。

1.3.1 种植业农产品进出口情况

（1）粮食作物及其制品

2018年埃及主要进口的粮食作物及其制品总进口额和总进口量：谷物类主要进口产品包括小麦及混合麦（2 830 782 407美元，65 658 200千克）、玉米（1 966 969 009美元，170 162 629千克）和稻米（63 596 009美元，136 726千克）；块根块茎类主要进口产品包括马铃薯（92 557 724美元，2 752 656 236千克）、木薯（23 866美元，8 140千克）和甘薯（17 289美元，25 235千克）；豆类主要进口产品包括蚕豆（259 557 762美元，655 100 264千克）、扁豆（85 647 920美元，181 194 145千克）和鹰嘴豆（27 953 948美元，33 529 954千克）。具体如图1-1所示。

2018年埃及主要出口的粮食作物及其制品总出口额和总出口量：谷物类主要出口产品包括小麦及混合麦（172 710 707美元，572 337 801千克）、玉米（27 315 522美元，65 403 859千克）和加那利草籽（1 546 833美元，3 031 700千克）；块根块茎类主要出口产品包括马铃薯（281 837 866美元，794 355 821千克）、甘薯（23 386 937美元，52 294 218千克）和木薯（232 718美元，377 493千克）；豆类主要出口产品包括芸豆（90 797 073美元，99 867 826千克）、豇豆（39 103 209美元，35 532 653千克）和绿豆（27 520 829美元，36 206 822千克）。具体如图1-2所示。

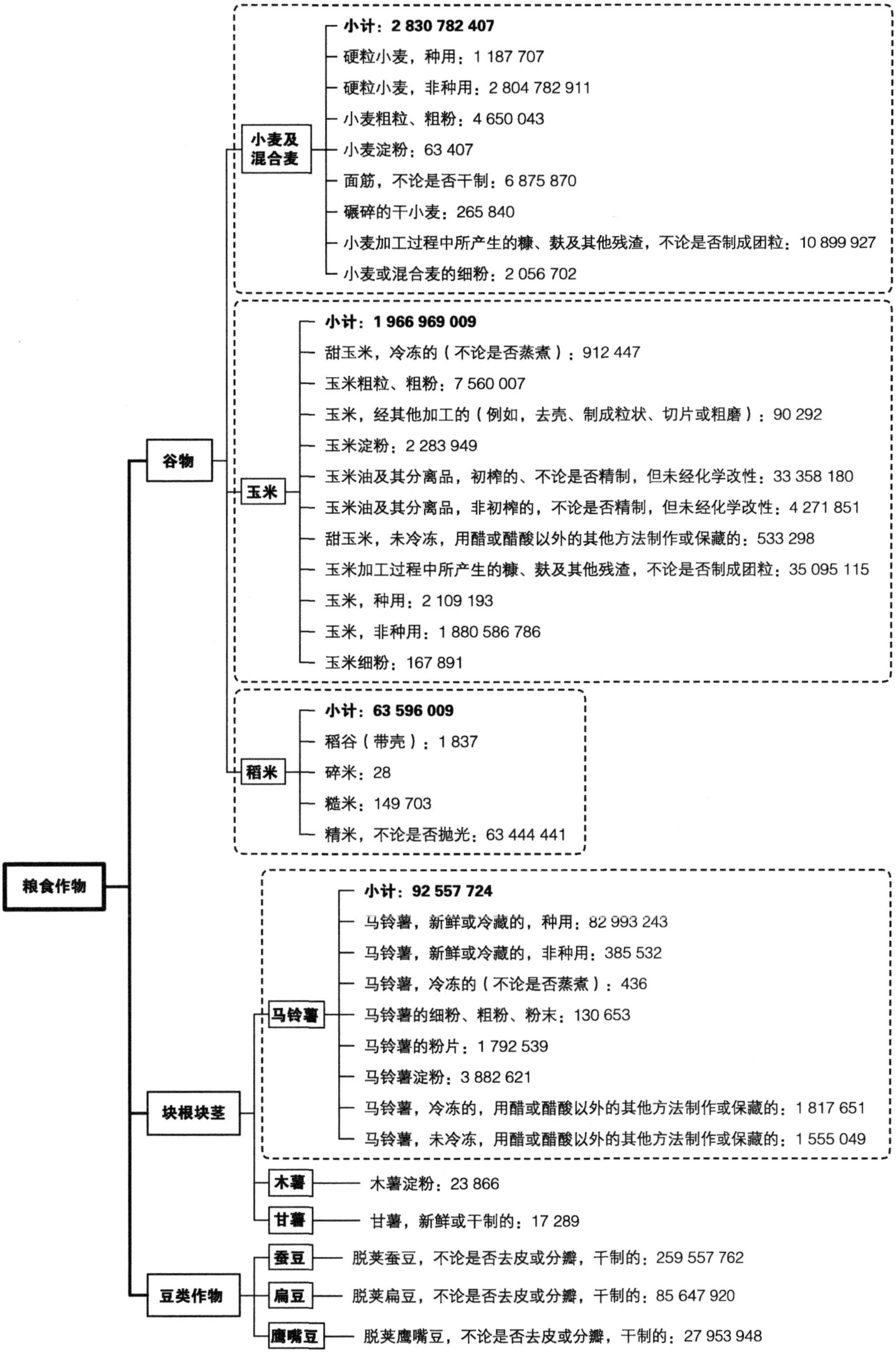

图 1－1　2018 年埃及主要进口粮食作物及其制品进口额（单位：美元）

（数据来源：UN Comtrade 数据库）

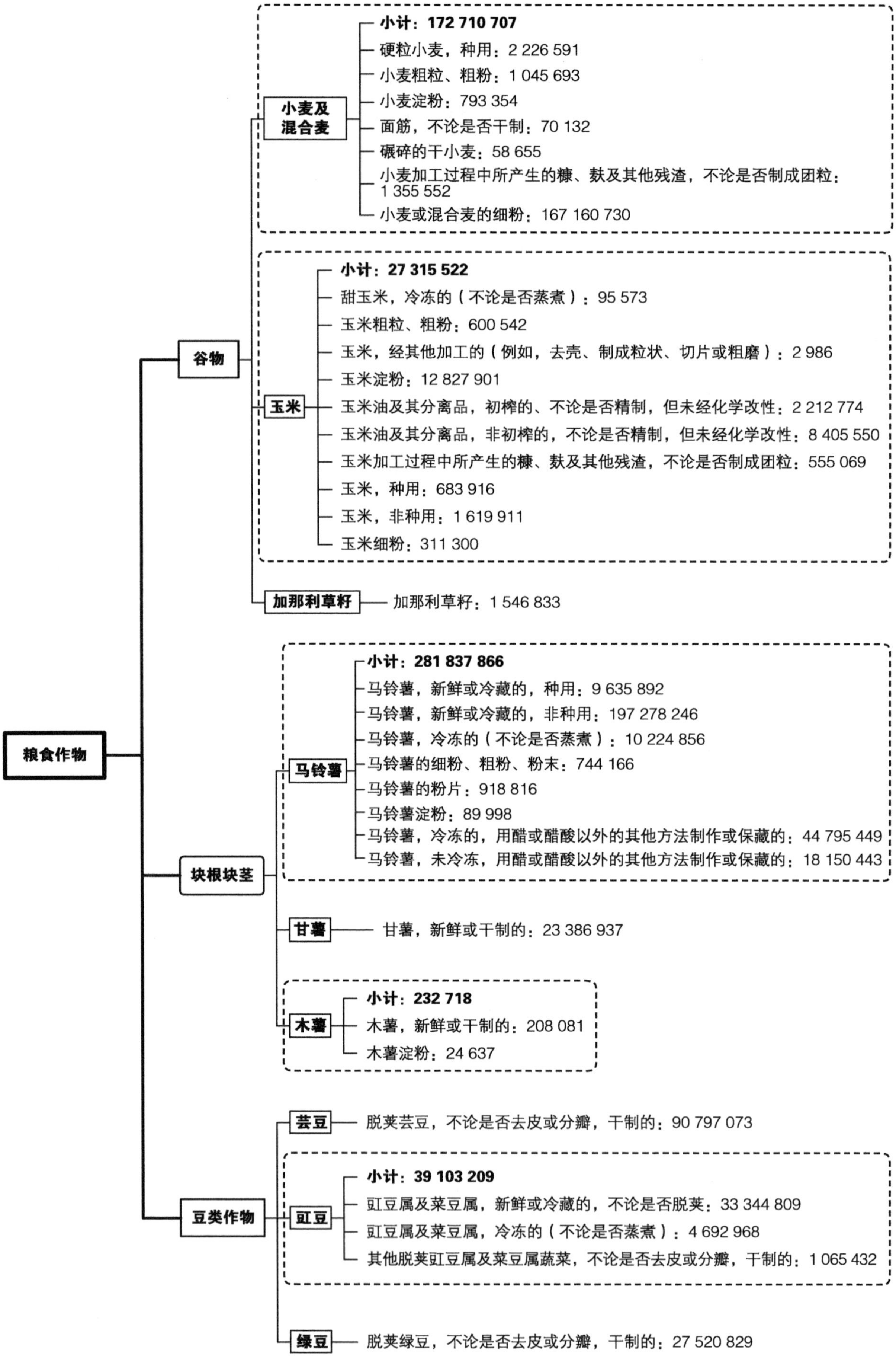

图1－2　2018年埃及主要出口粮食作物及其制品出口额（单位：美元）

（数据来源：UN Comtrade数据库）

（2）经济作物及其制品

2018 年埃及主要进口的经济作物及其制品总进口额和总进口量：油料作物主要进口产品包括棕榈（713 524 856 美元，1 068 590 176 千克）、葵花与红花（391 251 618 美元，1 559 459 千克）和大豆（374 965 277 美元，686 820 545 千克）；糖料作物主要出口产品包括甘蔗（277 787 959 美元，497 339 923 千克）和甜菜（28 569 498 美元，21 851 947 千克）；饮料作物主要出口产品包括茶（319 586 110 美元，106 221 601 千克）、可可（148 786 894 美元，39 911 898 千克）和咖啡（143 652 209 美元，54 382 162 千克）。具体如图 1－3 所示。

2018 年埃及主要出口的经济作物及其制品总出口额和总出口量：油料作物主要出口产品包括橄榄（92 635 063 美元，81 184 396 千克）、花生（58 274 637 美元，35 817 560 千克）和大豆（41 725 383 美元，44 930 363 千克）；糖料作物主要出口产品包括甜菜（91 702 580 美元，459 714 042 千克）和甘蔗（33 465 929 美元，284 735 199 千克）；饮料作物主要出口产品包括可可（160 410 182 美元，17 233 999 千克）、咖啡（17 035 135 美元，4 391 789 千克）和茶（9 202 468 美元，440 346 千克）。具体如图 1－4 所示。

1.3.2 畜禽农产品进出口情况

2018 年埃及主要进口的畜禽农产品总进口额和总进口量：家禽类主要进口产品包括鸡（96 591 927 美元，84 914 163 千克）、火鸡（8 357 217 美元，3 193 678 千克）和鸭（5 299 554 美元）；家畜类主要进口产品包括牛（1 781 173 362 美元，962 363 785 千克）、绵羊（8 265 721 美元，3 411 782 千克）和骆驼（6 984 349 美元）；特种经济动物类主要进口产品包括蜂产品（198 583 307 美元，46 780 153 千克）。具体如图 1－5 所示。

2018 年埃及主要出口的畜禽农产品出口额和出口量：家禽类主要出口产品包括鸡（847 951 美元，1 046 816 千克）、火鸡（676 612 美元，1 480 471 千克）；家畜类主要出口产品包括牛（3 143 958 美元，1 356 284 千克）、绵羊（126 967 美元，26 023 千克）和猪（125 256 美元，35 663 千克）；特种经济动物类主要出口产品包括蜂产品（55 351 599 美元，30 129 776 千克）。具体如图 1－6 所示。

2018 年埃及主要出口的畜禽农产品出口额和出口量：家禽类主要出口产品包括鸡（847 951 美元，1 046 816 千克）、火鸡（676 612 美元，1 480 471 千克）；家畜类主要出口产品包括牛（3 143 958 美元，1 356 284 千克）、绵羊（126 967 美元，26 023 千克）和猪（125 256 美元，35 663 千克）；特种经济动物类主要出口产品包括蜂产品（55 351 599 美元，30 129 776 千克）。具体如图 1－6 所示。

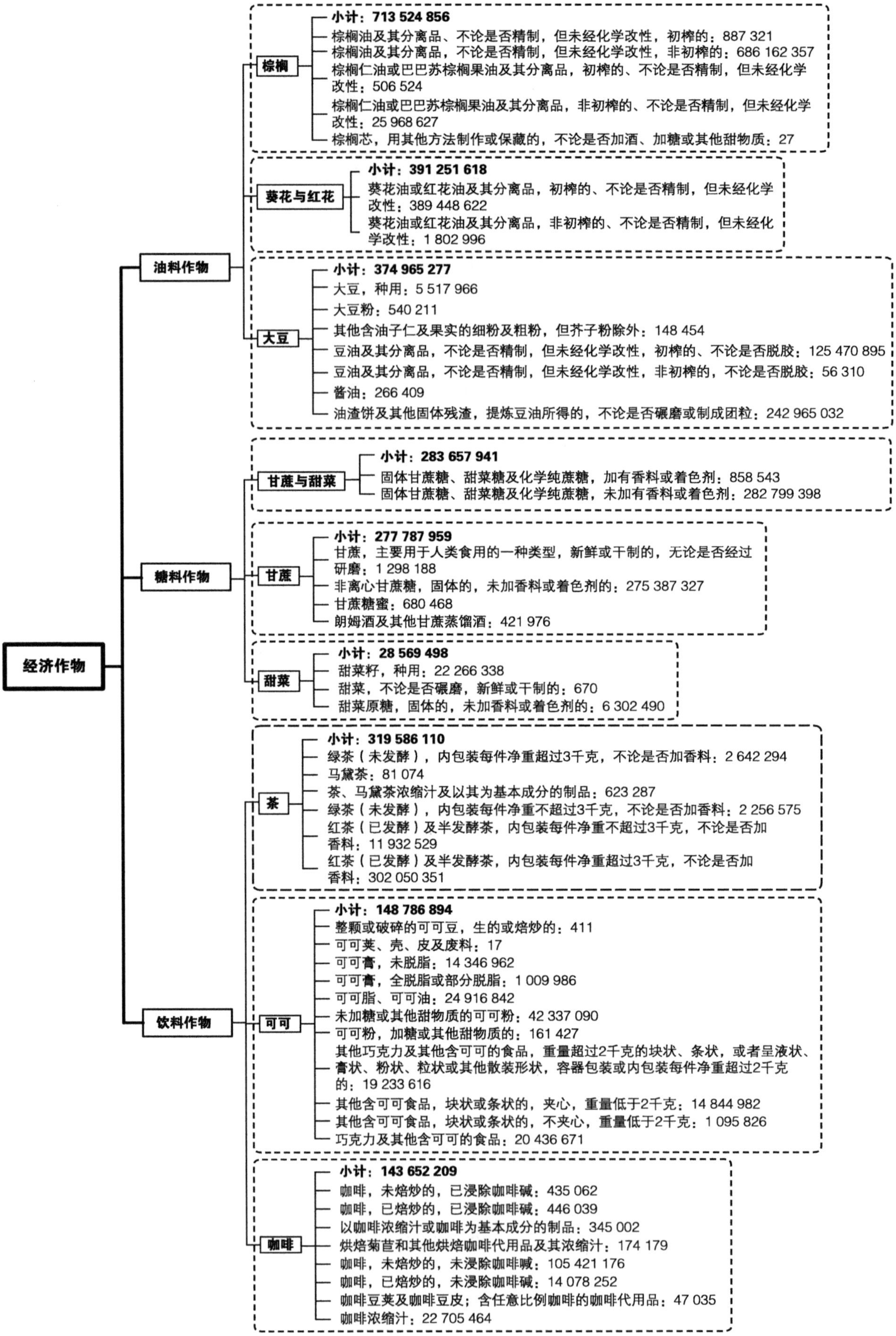

图 1－3　2018 年埃及主要进口经济作物及其制品进口额（单位：美元）

（数据来源：UN Comtrade 数据库）

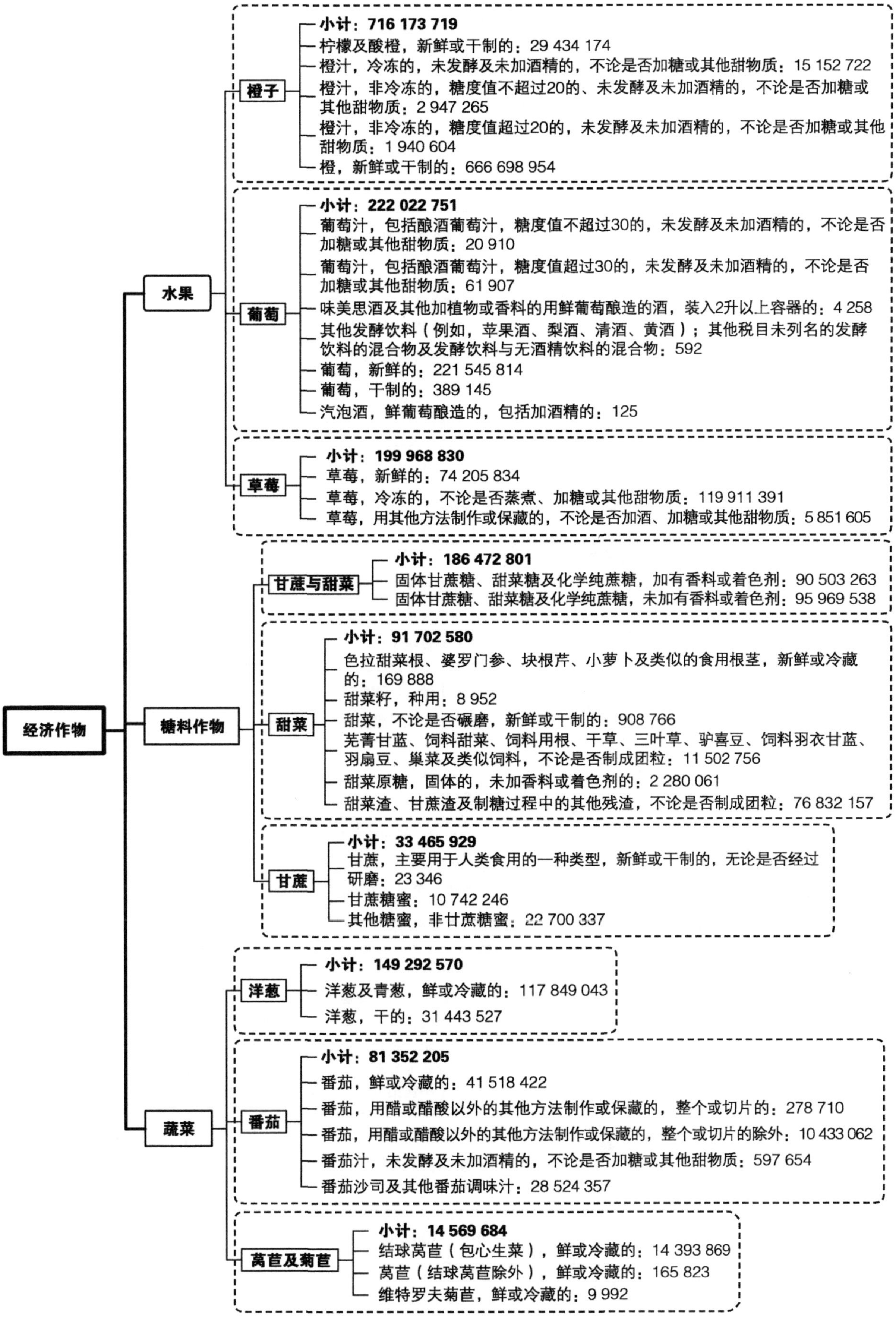

图 1－4　2018 年埃及主要出口经济作物及其制品出口额（单位：美元）

（数据来源：UN Comtrade 数据库）

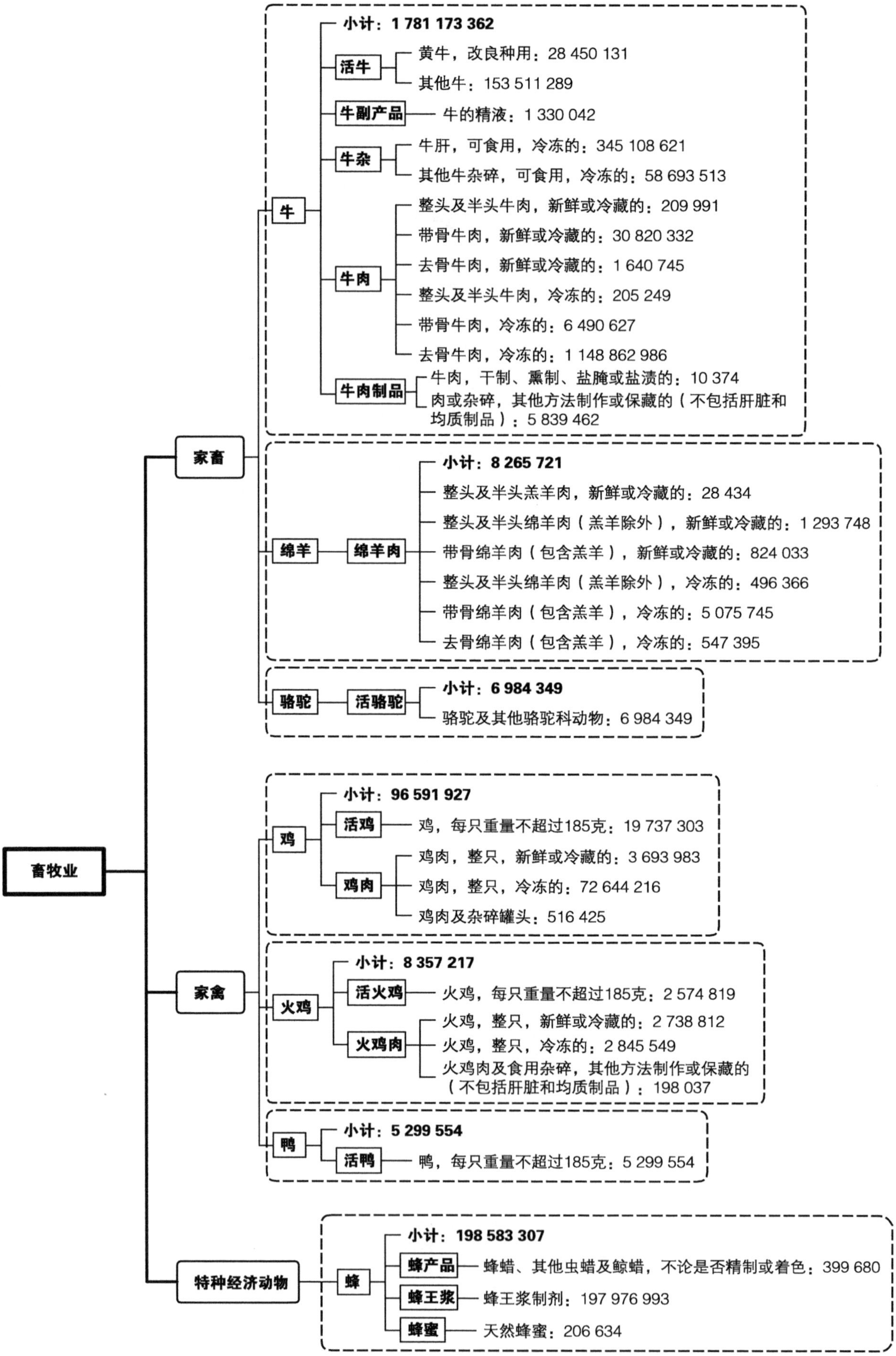

图1－5　2018年埃及主要进口畜禽产品进口额（单位：美元）

（数据来源：UN Comtrade 数据库）

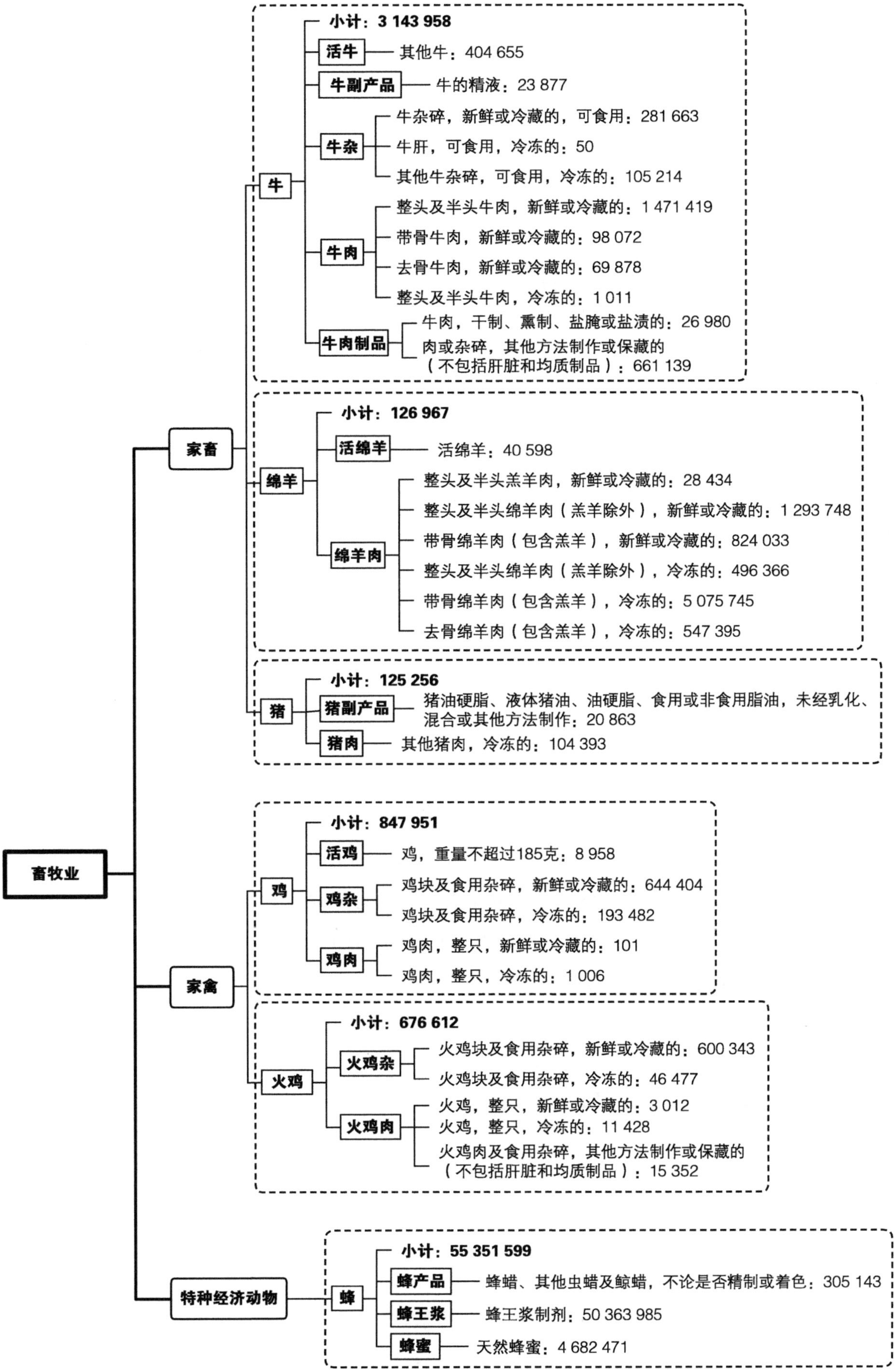

图 1-6　2018 年埃及主要出口畜禽产品出口额（单位：美元）

（数据来源：UN Comtrade 数据库）

2 埃塞俄比亚

2.1 国家基础数据

埃塞俄比亚，位于非洲东北部，东与吉布提、索马里毗邻，西同苏丹、南苏丹交界，南与肯尼亚接壤，北接厄立特里亚。国土面积 110.36 万平方千米，其中农业用地面积 36.2 万平方千米，年均降水量 848 毫米。埃塞俄比亚人口数量为 1.15 亿人，其中农村人口为 8 829 万人，占总人口的比例为 78.78%，农业就业人员占就业人口比例的 65.62%。埃塞俄比亚国民生产总值（GDP）为 843.56 亿美元，农业增加值占 GDP 的 31%，农业增加值年增长率为 3.83%。

2.2 农产品生产情况

2.2.1 种植业生产情况

依据 2018 年联合国粮食及农业组织（FAO）官方数据，统计分析埃塞俄比亚种植业产品生产情况，分别从农作物初级品产量、农作物初级品播种面积、农作物加工品产量不同维度对埃塞俄比亚主要农产品生产规模（表 2－1）及全球位次等进行展示，情况如下。

（1）农作物初级品产量

2018年埃塞俄比亚主要农作物初级品产量：玉米10 119 847吨（全球排名37/198[①]，占全球产量比例0.90%[②]）；其他谷物5 403 479吨（全球排名7/89，占全球产量比例71.92%）；高粱5 024 368吨（全球排名16/140，占全球产量比例8.32%）；小麦4 838 074吨；大麦1 748 920吨；其他块根和块茎1 588 494吨（全球排名10/96，占全球产量比例16.71%）；甘薯1 512 112吨（全球排名23/131，占全球产量比例1.64%）；甘蔗1 294 081吨；干蚕豆1 041 954吨（全球排名12/93，占全球产量比例19.43%）；谷子1 035 630吨（全球排名19/102，占全球产量比例3.26%）。

（2）农作物初级品播种面积

2018年埃塞俄比亚主要农作物初级品播种面积：其他谷物3 076 595公顷（全球排名7/91，占全球产量比例67.47%）；玉米2 415 024公顷（全球排名38/197，占全球产量比例1.23%）；高粱1 829 662公顷（全球排名20/140，占全球产量比例4.32%）；小麦1 747 939公顷；大麦800 195公顷；生咖啡（豆）764 863公顷（全球排名15/99，占全球产量比例7.12%）；干蚕豆492 272公顷（全球排名12/94，占全球产量比例17.73%）；谷子446 909公顷（全球排名23/102，占全球产量比例1.33%）；其他香料361 756公顷（全球排名10/84，占全球产量比例25.53%）；其他纤维作物336 412公顷（全球排名6/29，占全球产量比例86.50%）。

（3）农作物加工品产量

2018年埃塞俄比亚主要农作物加工品产量：大麦啤酒1 426 322吨；粗糖（离心糖）289 000吨；糖蜜285 000吨；棉籽80 000吨；棉绒35 000吨；亚麻仁油34 400吨；油菜籽油12 000吨；棉籽油7 000吨；花生油2 998吨；红花籽油1 506吨。

表2-1 2018年埃塞俄比亚种植业生产情况

国内排名	初级品产量		初级品播种面积		加工品产量	
	产品	产量（吨）	产品	播种面积（公顷）	产品	产量（吨）
1	玉米	10 119 847	其他谷物	3 076 595	大麦啤酒	1 426 322
2	其他谷物	5 403 479	玉米	2 415 024	粗糖（离心糖）	289 000
3	高粱	5 024 368	高粱	1 829 662	糖蜜	285 000
4	小麦	4 838 074	小麦	1 747 939	棉籽	80 000
5	大麦	1 748 920	大麦	800 195	棉绒	35 000
6	其他块根和块茎	1 588 494	生咖啡（豆）	764 863	亚麻仁油	34 400
7	甘薯	1 512 112	干蚕豆	492 272	油菜籽油	12 000

① 全球排名37/198，198是指依据FAO统计数据源，2018年共198个国家生产玉米并提供了产量数据，各国产量由高到低排序，埃塞俄比亚玉米产量全球排名位于第37位，余同。

② 全球产量占比0.90%指依据FAO统计数据源，2018年埃塞俄比亚玉米产量占全球总产量（世界各国向FAO提供玉米产量数据之和）的比重为0.90%，余同。

（续表）

国内排名	初级品产量		初级品播种面积		加工品产量	
	产品	产量（吨）	产品	播种面积（公顷）	产品	产量（吨）
8	甘蔗	1 294 081	谷子	446 909	棉籽油	7 000
9	干蚕豆	1 041 954	其他香料	361 756	花生油	2 998
10	谷子	1 035 630	其他纤维作物	336 412	红花籽油	1 506

数据来源：FAO 数据库。

2.2.2 畜禽生产情况

依据 2018 年联合国粮食及农业组织（FAO）官方数据，统计分析埃塞俄比亚畜禽生产情况，分别从畜禽存栏量、畜禽初级品产量、畜禽加工品产量不同维度对该国主要农产品生产规模（表 2－2）及全球位次进行展示，情况如下。

（1）畜禽存栏量

2018 年埃塞俄比亚主要牲畜存栏量：牛 62 706 486 头（全球排名 21/224，占全球产量比例 4.20%）；山羊 33 061 808 只（全球排名 22/216，占全球产量比例 3.12%）；绵羊 31 562 151 只（全球排名 34/209，占全球产量比例 2.59%）；驴 8 536 348 头（全球排名 9/133，占全球产量比例 17.10%）；马 2 282 996 匹（全球排名 25/181，占全球产量比例 3.93%）；骆驼 1 265 297 匹；骡 304 588 头（全球排名 19/90，占全球产量比例 3.81%）；猪 35 986 头。主要禽类存栏量：鸡 62 106 000 只。

（2）畜禽初级品产量

2018 年埃塞俄比亚主要畜禽初级品产量：全脂牛奶 3 200 000 吨；牛肉 393 994 吨；骆驼奶 176 337 吨；绵羊肉 101 600 吨（全球排名 50/211，占全球产量比例 1.03%）；山羊肉 93 603 吨（全球排名 26/203，占全球产量比例 1.53%）；野味 90 967 吨；山羊奶 82 680 吨；绵羊奶 81 094 吨；牛杂碎 78 799 吨（全球排名 48/195，占全球产量比例 0.85%）；鸡肉 74 283 吨。

（3）畜禽加工品产量

2018 年埃塞俄比亚主要畜禽加工品产量：脱脂牛奶 286 894 吨；酥油（牛奶酥油）13 422 吨；奶酪（全脂牛奶奶酪）5 033 吨；黄油（牛奶黄油）1 678 吨。

表 2－2　2018 年埃塞俄比亚畜禽生产情况

国内排名	活动物		初级品		加工品	
	产品	存栏量（头、只或匹）	产品	产量（吨）	产品	产量（吨）
1	牛	62 706 486	全脂牛奶	3 200 000	脱脂牛奶	286 894
2	鸡	62 106 000	牛肉	393 994	酥油（牛奶酥油）	13 422
3	山羊	33 061 808	骆驼奶	176 337	奶酪（全脂牛奶奶酪）	5 033

（续表）

国内排名	活动物		初级品		加工品	
	产品	存栏量（头、只或匹）	产品	产量（吨）	产品	产量（吨）
4	绵羊	31 562 151	绵羊肉	101 600		
5	驴	8 536 348	山羊肉	93 603	黄油（牛奶黄油）	1 678
6	马	2 282 996	野味	90 967		
7	骆驼	1 265 297	山羊奶	82 680		
8	骡	304 588	绵羊奶	81 094		
9	猪	35 986	牛杂碎	78 799		
10			鸡肉	74 283		

数据来源：FAO 数据库。

2.3 农产品贸易情况

依据2018年联合国商品贸易统计数据库（UN Comtrade）官方数据，序化组织农业单品种多元形态数据信息（《商品名称及编码协调制度的国际公约》HS 国际贸易商品分类体系6位编码商品），例如，将马铃薯种用、非种用、粗粉、细粉、颗粒等进出口数据进行集成汇总与统计分析，分别从粮食作物及其制品、经济作物及其制品、畜禽农产品进出口额（量）不同维度展示埃塞俄比亚主要农产品贸易情况，数据如下。

2.3.1 种植业农产品进出口情况

（1）粮食作物及其制品

2018 年埃塞俄比亚主要进口的粮食作物及其制品总进口额和总进口量：谷物类中进口的主要农产品为小麦及混合麦（432 406 25 美元，1 214 113 927 千克）、稻米（268 655 715 美元，627 842 335 千克）和高粱（98 182 469 美元，148 700 362 千克）；块根块茎类中进口的农产品为马铃薯（157 862 美元，52 227 千克）和甘薯（1 219 美元，420 千克）；豆类中进口的主要农产品为豌豆（35 301 048 美元，46 730 593 千克）、扁豆（288 446 美元，392 340 千克）和芸豆（254 175 美元，257 684 千克）。具体如图 2－1 所示。

2018 年埃塞俄比亚主要出口的粮食作物及其制品总出口额和总出口量：谷物类中出口的主要农产品为其他谷物（164 047 美元，113 810 千克）、燕麦（158 497 美元，159 131 千克）和高粱（94 112 美元，270 000 千克）；块根块茎类中出口的农产品为马铃薯（5 413 806 美元，27 791 192 千克）和甘薯（1 767 美元，9 722 千克）；豆类中出口的主要农产品为芸豆（85 822 828 美元，147 101 006 千克）、鹰嘴豆（34 160 937 美元，51 469 134 千克）和干豆（26 296 787 美元，32 887 315 千克）。具体如图 2－2 所示。

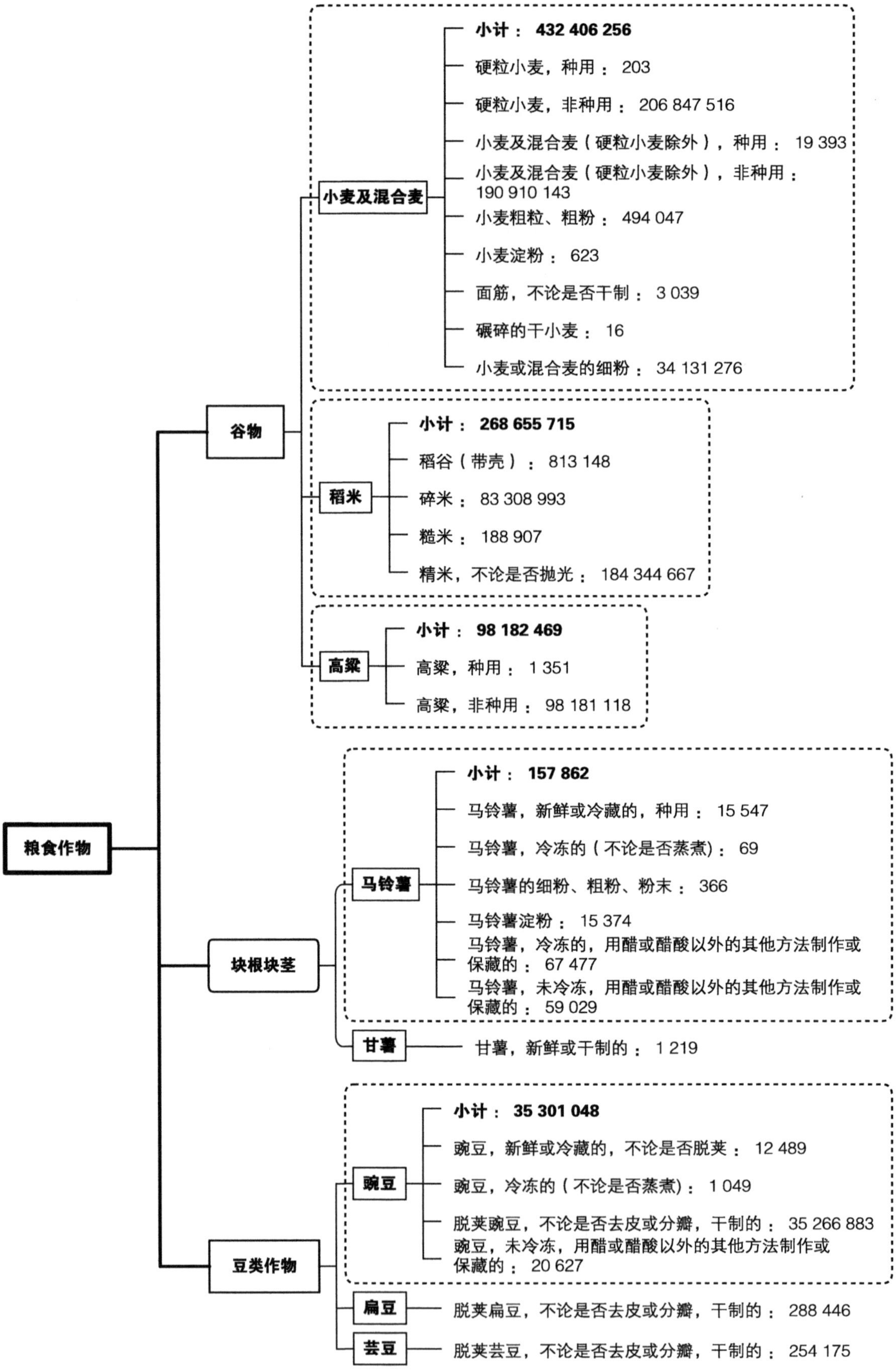

图2－1　2018年埃塞俄比亚主要进口粮食作物及其制品进口额（单位：美元）

（数据来源：UN Comtrade 数据库）

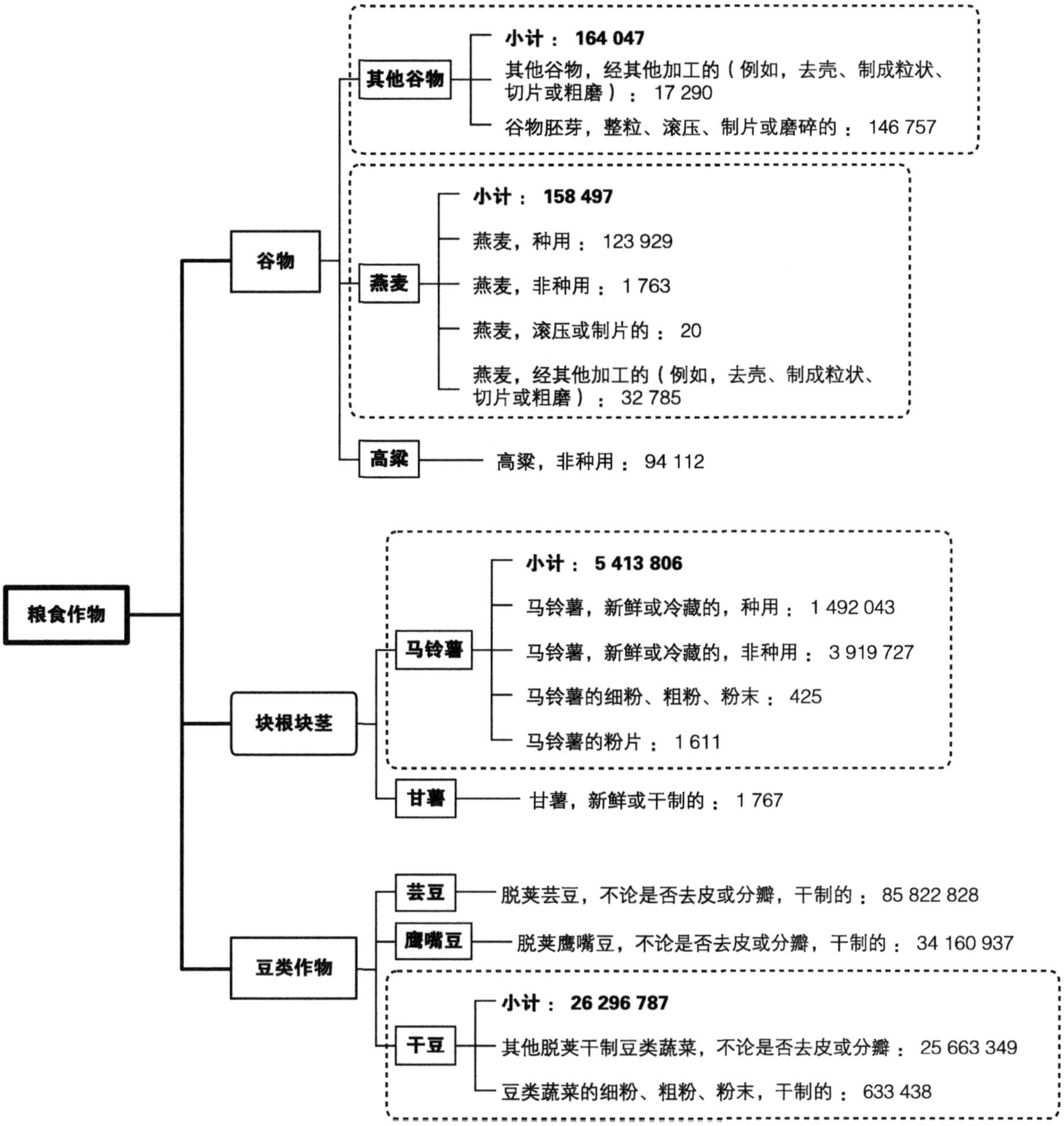

图 2-2　2018 年埃塞俄比亚主要出口粮食作物及其制品出口额（单位：美元）

（数据来源：UN Comtrade 数据库）

（2）经济作物及其制品

主要进口的经济作物及其制品总进口额和总进口量：油料作物类中进口的主要农产品为棕榈（495 247 598 美元，559 109 525 千克）、葵花与红花（75 503 987 美元，7 973 704 千克）和大豆（4 605 447 美元，4 595 509 千克）；糖料作物类中进口的主要农产品为甘蔗（90 484 216 美元，177 561 547 千克）和甜菜（2 699 292 美元，4 026 458 千克）；饮料作物类中进口的主要农产品为可可（11 512 887 美元，977 423 千克）、啤酒（519 311 美元，27 708 千克）和咖啡（435 289 美元，87 055 千克）。具体如图 2-3 所示。

2018 年埃塞俄比亚主要出口的经济作物及其制品总出口额和总出口量：油料作物类中出口的主要农产品为芝麻（281 602 318 美元，192 173 275 千克）、大豆（25 108 505 美元，51 267 192 千克）和蓖麻（696 564 美元，896 000 千克）；饮料作物类中出口的主要农产品为咖啡（376 972 081 美元，111 390 273 千克）、茶

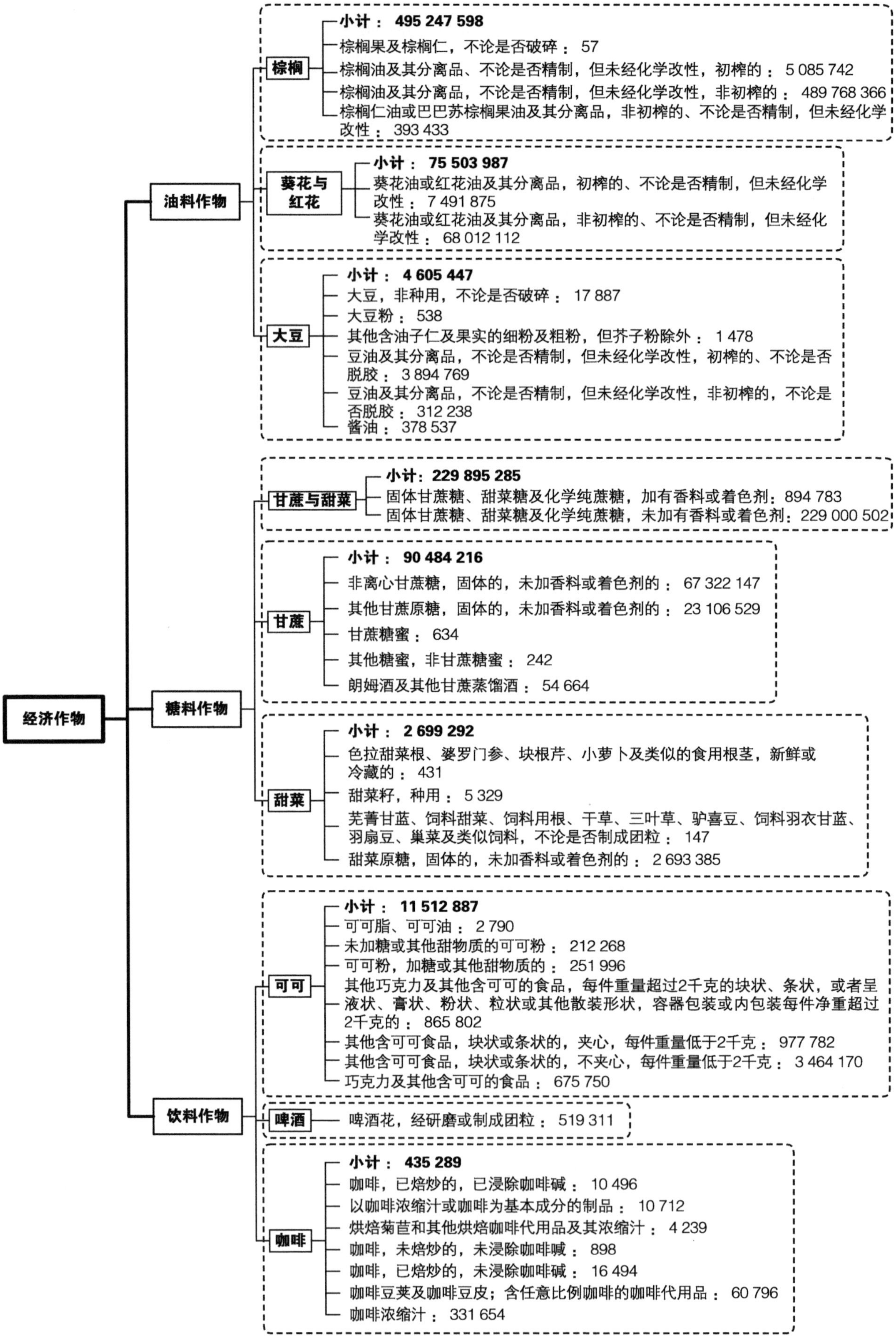

图 2－3　2018 年埃塞俄比亚主要进口经济作物及其制品进口额（单位：美元）

（数据来源：UN Comtrade 数据库）

（1 931 768 美元，1 083 019 千克）和啤酒（190 774 美元，361 820 千克）；水果类中出口的主要农产品为草莓（4 591 366 美元，1 287 660 千克）、香蕉（2 390 105 美元，12 631 106 千克）和橙子（1 014 325 美元，3 196 255 千克）。具体如图 2 －4 所示。

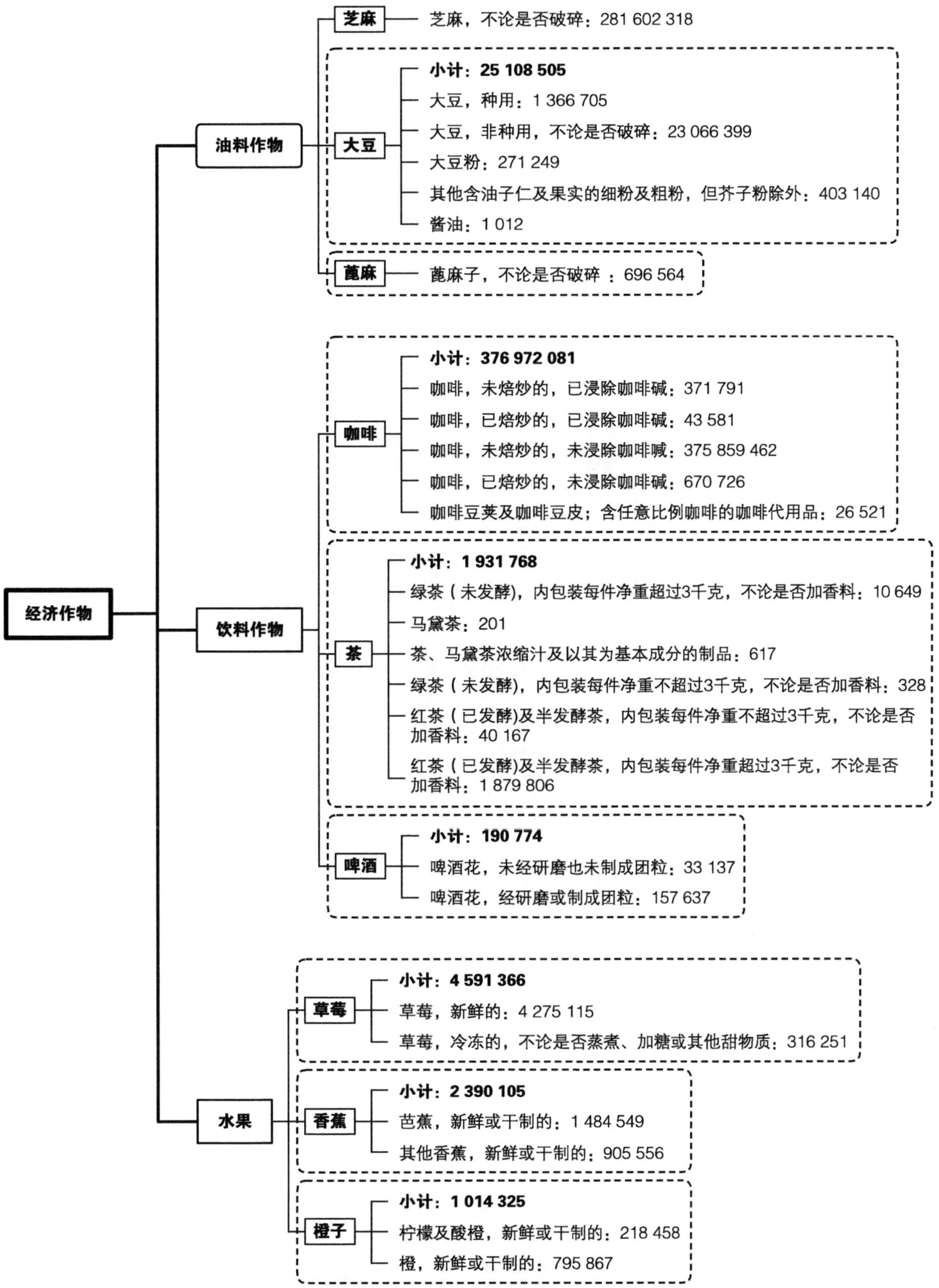

图 2 －4　2018 年埃塞俄比亚主要出口经济作物及其制品出口额（单位：美元）

（数据来源：UN Comtrade 数据库）

2.3.2 畜禽农产品进出口情况

2018 年埃塞俄比亚主要进口的畜禽农产品总进口额和总进口量：家禽类主要进口产品包括火鸡（300 544 美元，119 810 千克）、鸡（259 685 美元，172 363 千克）和鸭（6 314 美元，728 千克）；家畜类主要进口产品包括牛（249 112 美元，50 602 千克）、猪（122 759 美元，13 219 千克）和绵羊（66 668 美元，3 506 千克）；特种经济动物类主要进口产品包括蜂产品（39 310 830 美元，8 420 848 千克）。具体如图 2－5 所示。

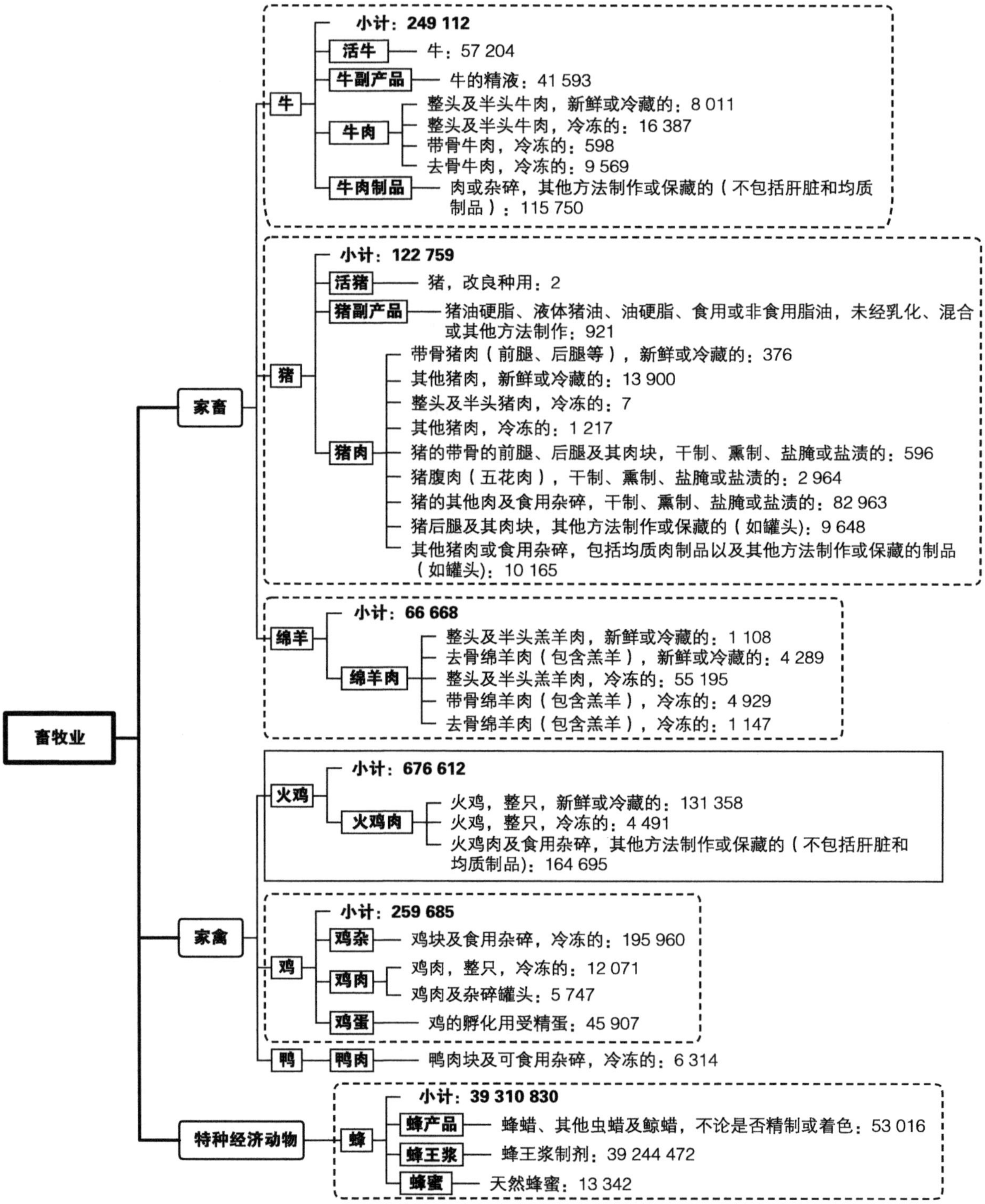

图 2－5 2018 年埃塞俄比亚主要进口畜禽产品进口额（单位：美元）

（数据来源：UN Comtrade 数据库）

2018 年埃塞俄比亚主要出口的畜禽农产品出口额和出口量：家禽类主要出口产品包括鸡（129 美元，58 千克）；家畜类主要出口产品包括山羊（86 792 240 美元，15 273 667 千克）、牛（15 415 358 美元，5 791 448 千克）和绵羊（8 321 380 美元，2 664 887 千克）；特种经济动物类主要出口产品包括蜂产品（2 291 128 美元，355 500 千克）。具体如图 2 –6 所示。

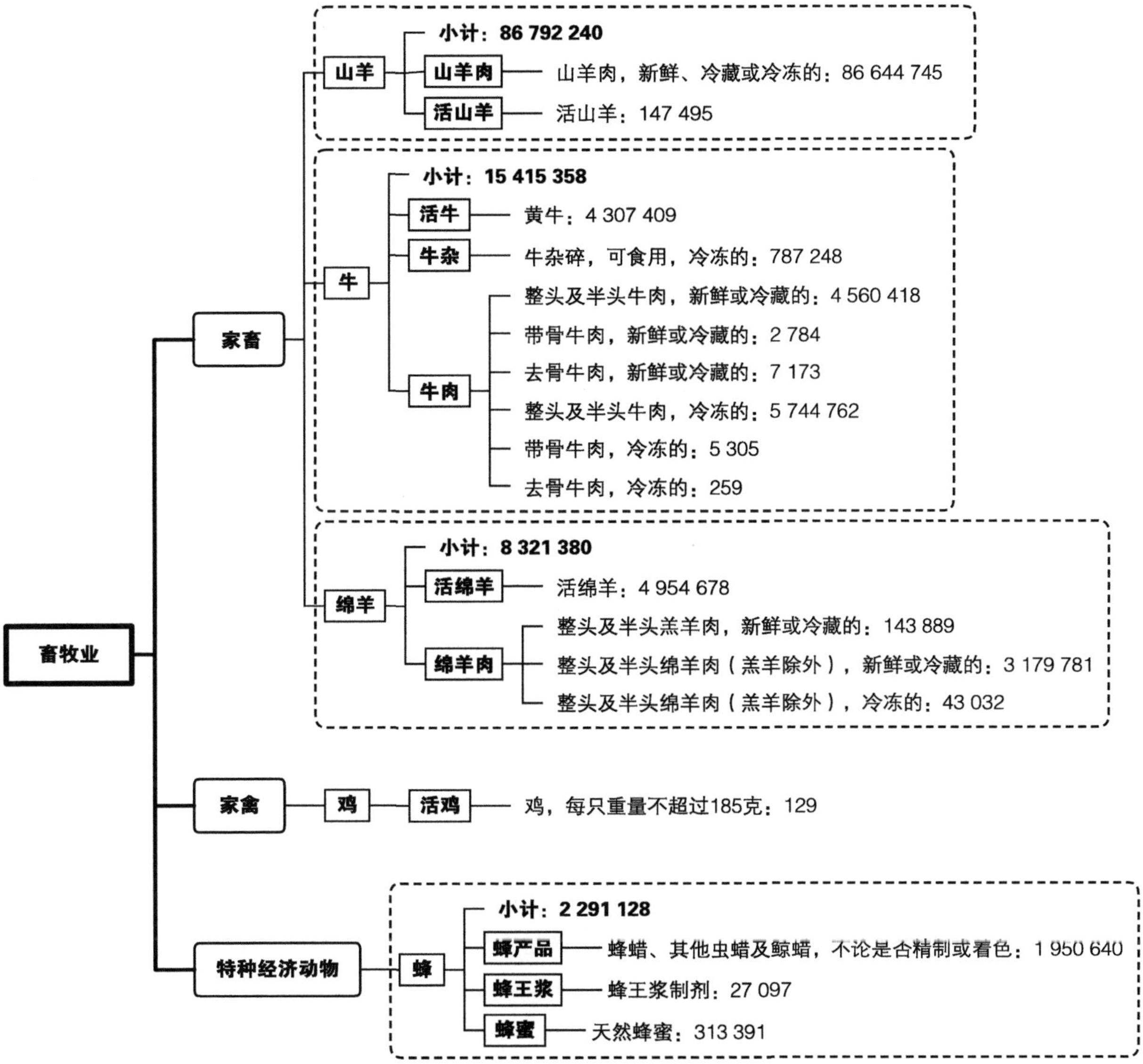

图 2 –6　2018 年埃塞俄比亚主要出口畜禽产品出口额（单位：美元）

（数据来源：UN Comtrade 数据库）

3 安哥拉

3.1 国家基础数据

安哥拉位于非洲西南部，北邻刚果（布）和刚果（金），东接赞比亚，南连纳米比亚，是中部、南部非洲的重要出海通道之一；西濒大西洋，海岸线长 1 650 千米，战略地位十分重要。另有一块飞地领土卡宾达，地处刚果（布）和刚果（金）之间，与安哥拉本土直线距离约 130 千米。国土面积 124.67 万平方千米，其中农业用地面积 59.19 万平方千米，年均降水量 1 010 毫米。安哥拉人口数量为 3 286.62 万人，其中农村人口为 1 076.42 万人，占总人口的比例为 33.82%，农业就业人员占就业人口比例的 50.18%。安哥拉国民生产总值（GDP）为 1 057.51 亿美元。

3.2 农产品生产情况

3.2.1 种植业生产情况

依据 2018 年联合国粮食及农业组织（FAO）官方数据，统计分析安哥拉种植业产品生产情况，分别从农作物初级品产量、农作物初级品播种面积、农作物加工品产量不同维度对安哥拉主要农产品生产规模（表 3－1）及全球位次等进行展示，情况如下。

（1）农作物初级品产量

2018年安哥拉主要农作物初级品产量：木薯8 730 517吨（全球排名21/115①，占全球产量比例2.96%②）；香蕉3 954 036吨（全球排名22/149，占全球产量比例3.42%）；玉米2 765 316吨；甘薯1 688 122吨（全球排名20/131，占全球产量比例1.83%）；菠萝804 586吨（全球排名25/107，占全球产量比例2.83%）；甘蔗639 421吨；马铃薯458 217吨；柑橘类水果417 255吨（全球排名17/93，占全球产量比例2.90%）；其他新鲜蔬菜395 975吨；白菜354 700吨。

（2）农作物初级品播种面积

2018年安哥拉主要农作物初级品播种面积：玉米2 639 535公顷（全球排名34/197，占全球产量比例1.34%）；木薯944 152公顷（全球排名20/115，占全球产量比例3.53%）；干豆822 411公顷（全球排名21/128，占全球产量比例2.30%）；花生（带壳）337 971公顷；小米313 841公顷（全球排名24/102，占全球产量比例0.94%）；甘薯178 225公顷（全球排名20/131，占全球产量比例2.32%）；香蕉162 154公顷（全球排名24/147，占全球产量比例3.17%）；高粱146 702公顷；白菜127 149公顷（全球排名16/176，占全球产量比例5.25%）；其他新鲜蔬菜73 951公顷（全球排名48/213，占全球产量比例0.34%）。

（3）农作物加工品产量

2018年安哥拉主要农作物加工品产量：大麦啤酒1 100 000吨；粗糖（离心糖）75 000吨；棕榈油53 000吨；花生油31 159吨；棕榈仁26 484吨；糖蜜24 000吨；棕榈仁油10 120吨；葵花籽油3 753吨；棉籽3 200吨；棉绒1 000吨。

表3－1 2018年安哥拉种植业生产情况

国内排名	初级品产量		初级品播种面积		加工品产量	
	产品	产量（吨）	产品	播种面积（公顷）	产品	产量（吨）
1	木薯	8 730 517	玉米	2 639 535	大麦啤酒	1 100 000
2	香蕉	3 954 036	木薯	944 152	粗糖（离心糖）	75 000
3	玉米	2 765 316	干豆	822 411	棕榈油	53 000
4	甘薯	1 688 122	花生（带壳）	337 971	花生油	31 159
5	菠萝	804 586	小米	313 841	棕榈仁	26 484
6	甘蔗	639 421	甘薯	178 225	糖蜜	24 000
7	马铃薯	458 217	香蕉	162 154	棕榈仁油	10 120
8	柑橘类水果	417 255	高粱	146 702	葵花籽油	3 753
9	其他新鲜蔬菜	395 975	白菜	127 149	棉籽	3 200
10	白菜	354 700	其他新鲜蔬菜	73 951	棉绒	1 000

数据来源：FAO数据库。

① 全球排名21/115，115是指依据FAO统计数据源，2018年共115个国家生产木薯并提供了产量数据，各国产量由高到低排序，安哥拉木薯产量全球排名位于第21位，余同。

② 全球产量占比2.96%指依据FAO统计数据源，2018年安哥拉木薯产量占全球总产量（世界各国向FAO提供木薯产量数据之和）的比重为2.96%，余同。

3.2.2 畜禽生产情况

依据2018年联合国粮食及农业组织（FAO）官方数据，统计分析安哥拉畜禽生产情况，分别从畜禽存栏量、畜禽初级品产量、畜禽加工品产量不同维度对安哥拉主要农产品生产规模（表3－2）及全球位次进行展示，情况如下。

（1）畜禽存栏量

2018年安哥拉主要牲畜存栏量：牛5 044 205只；山羊4 625 156只；猪3 584 909头；绵羊1 169 552只；驴4 431头；马1 016匹。主要禽类存栏量：鸡37 402 000只。

（2）畜禽初级品产量

2018年安哥拉主要畜禽初级品产量：全脂牛奶217 587吨；猪肉128 760吨；牛肉98 566吨；鸡肉41 367吨；禽肉41 367吨；蜂蜜23 411吨；山羊肉20 080吨；牛杂碎15 771吨；牛皮，新鲜14 391吨；野味9 692吨。

（3）畜禽加工品产量

2018年安哥拉主要畜禽加工品产量：脱脂牛奶11 551吨；猪油3 621吨；奶酪2 679吨；奶酪（全脂牛奶奶酪）1 520吨；黄油（牛奶黄油）608吨。具体如表3－2所示。

表3－2　2018年安哥拉畜禽生产情况

国内排名	活动物		初级品		加工品	
	产品	存栏量（头、只或匹）	产品	产量（吨）	产品	产量（吨）
1	鸡	37 402 000	全脂牛奶	217 587	脱脂牛奶	11 551
2	牛	5 044 205	猪肉	128 760	猪油	3 621
3	山羊	4 625 156	牛肉	98 566	奶酪	2 679
4	猪	3 584 909	鸡肉	41 367	奶酪（全脂牛奶奶酪）	1 520
5	绵羊	1 169 552	禽肉	41 367	黄油（牛奶黄油）	608
6	驴	4 431	蜂蜜	23 411		
7	马	1 016	山羊肉	20 080		
8			牛杂碎	15 771		
9			牛皮（新鲜）	14 391		
10			野味	9 692		

数据来源：FAO数据库。

3.3 农产品贸易情况

依据2018年联合国商品贸易统计数据库（UN Comtrade）官方数据，序化组织农业单品种多元形态数据信息（《商品名称及编码协调制度的国际公约》HS 国际贸易商品分类体系6位编码商品），例如，将马铃薯种用、非种用、粗粉、细粉、颗粒等进出口数据进行集成汇总与统计分析，分别从粮食作物及其制品、经济作物及其制品、畜禽农产品进出口额（量）不同维度展示安哥拉主要农产品贸易情况，情况如下。

3.3.1 种植业农产品进出口情况

（1）粮食作物及其制品

2018 年安哥拉主要进口的粮食作物及其制品总进口额和总进口量：谷物类中进口的主要农产品为小麦及混合麦（282 385 788 美元，407 183 067 千克）、稻米（262 516 195 美元，386 189 220 千克）和玉米（127 123 912 美元，253 994 649 千克）；块根块茎类中进口的农产品为马铃薯（12 330 279 美元，6 286 955 千克）、木薯（16 888 美元，5 686 千克）和甘薯（9 132 美元，2 284 千克）；豆类中进口的主要农产品为芸豆（56 327 671 美元，42 033 093 千克）、豇豆（17 783 976 美元，11 639 533 千克）。具体如图 3 –1 所示。

2018 年安哥拉主要出口的粮食作物及其制品总出口额和总出口量：谷物类中出口的主要农产品为小麦及混合麦（9 068 864 美元，56 061 979 千克）、玉米（1 101 350 美元，10 109 千克）和稻米（370 892 美元，134 848 千克）；块根块茎类中出口的农产品为马铃薯（55 848 美元，33 603 千克）、木薯（1 542 美元，2 012 千克）和甘薯（508 美元，166 千克）；豆类中出口的主要农产品为豇豆（270 872 美元，222 286 千克）、芸豆（72 011 美元，118 073 千克）。具体如图 3 –2 所示。

（2）经济作物及其制品

2018 年安哥拉主要进口的经济作物及其制品总进口额和总进口量：油料作物类中进口的主要农产品为棕榈（153 353 235 美元，109 216 921 千克）、大豆（134 014 005 美元，100 206 340 千克）、葵花与红花（15 015 609 美元，3 820 519 千克）；糖料作物类中进口的主要农产品为甘蔗（4 078 776 美元，3 900 805 千克）和甜菜（375 798 美元，510 620 千克）；水果类中进口的主要农产品为葡萄（68 830 613 美元，46 786 329 千克）、苹果（10 603 400 美元，35 833 301 千克）和水果制品（9 320 657 美元，6 854 022 千克）。具体如图 3 –3 所示。

2018 年安哥拉主要出口的经济作物及其制品总出口额和总出口量：水果类中出口的主要农产品为葡萄（3 363 218 美元，1 494 847 千克）、香蕉（932 300 美元，1 815 319 千克）和橙子（491 405 美元，214 343 千克）；糖料作物类中出口的主要农产品为甘蔗（768 643 美元，1 091 637 千克）和甜菜（7 110 美元，23 641 千克）；饮料作物类中出口的主要农产品为咖啡（1 331 125 美元，7 013 千克）、茶（180 265 美元，65 138 千克）和可可（173 338 美元，9 343 千克）。具体如图 3 –4 所示。

- 粮食作物
  - 谷物
    - 小麦及混合麦
      - **小计：282 385 788**
      - 硬粒小麦，种用：96
      - 硬粒小麦，非种用：82 437 497
      - 小麦及混合麦（硬粒小麦除外），非种用：20 095 416
      - 小麦粗粒、粗粉：1 456 786
      - 小麦淀粉：16 268
      - 面筋，不论是否干制：123 626
      - 碾碎的干小麦：144 104
      - 小麦加工过程中所产生的糠、麸及其他残渣，不论是否制成团粒：222 669
      - 小麦或混合麦的细粉：177 889 326
    - 稻米
      - **小计：262 516 195**
      - 稻谷（带壳）：843 368
      - 碎米：7 545 877
      - 糙米：106 859 540
      - 精米，不论是否抛光：147 267 410
    - 玉米
      - **小计：127 123 912**
      - 甜玉米，冷冻的（不论是否蒸煮)：288 117
      - 玉米粗粒、粗粉：9 899 849
      - 玉米，经其他加工的（例如，去壳、制成粒状、切片或粗磨）：173 873
      - 玉米淀粉：660 925
      - 玉米油及其分离品，非初榨的，不论是否精制，但未经化学改性：21 816
      - 甜玉米，未冷冻，用醋或醋酸以外的其他方法制作或保藏的：778 293
      - 玉米加工过程中所产生的糠、麸及其他残渣，不论是否制成团粒：215
      - 玉米，种用：4 266 218
      - 玉米，非种用：13 278 677
      - 玉米细粉：97 755 929
  - 块根块茎
    - 马铃薯
      - **小计：12 330 279**
      - 马铃薯，新鲜或冷藏的，种用：2 979 172
      - 马铃薯，新鲜或冷藏的，非种用：3 209 431
      - 马铃薯，冷冻的（不论是否蒸煮)：302 916
      - 马铃薯的细粉、粗粉、粉末：133 118
      - 马铃薯的粉片：511 246
      - 马铃薯淀粉：258 776
      - 马铃薯，冷冻的，用醋或醋酸以外的其他方法制作或保藏的：2 770 534
      - 马铃薯，未冷冻，用醋或醋酸以外的其他方法制作或保藏的：2 165 086
    - 木薯
      - **小计：16 888**
      - 木薯，新鲜或干制的：853
      - 木薯淀粉：16 035
    - 甘薯
      - 甘薯，新鲜或干制的：9 132
  - 豆类作物
    - 芸豆
      - 脱荚芸豆，不论是否去皮或分瓣，干制的：56 327 671
    - 豇豆
      - **小计：17 783 976**
      - 豇豆属及菜豆属，新鲜或冷藏的，不论是否脱荚：84 155
      - 豇豆属及菜豆属，冷冻的（不论是否蒸煮)：214 817
      - 其他脱荚豇豆属及菜豆属蔬菜，不论是否去皮或分瓣，干制的：17 485 004

图3－1　2018年安哥拉主要进口粮食作物及其制品进口额（单位：美元）

（数据来源：UN Comtrade数据库）

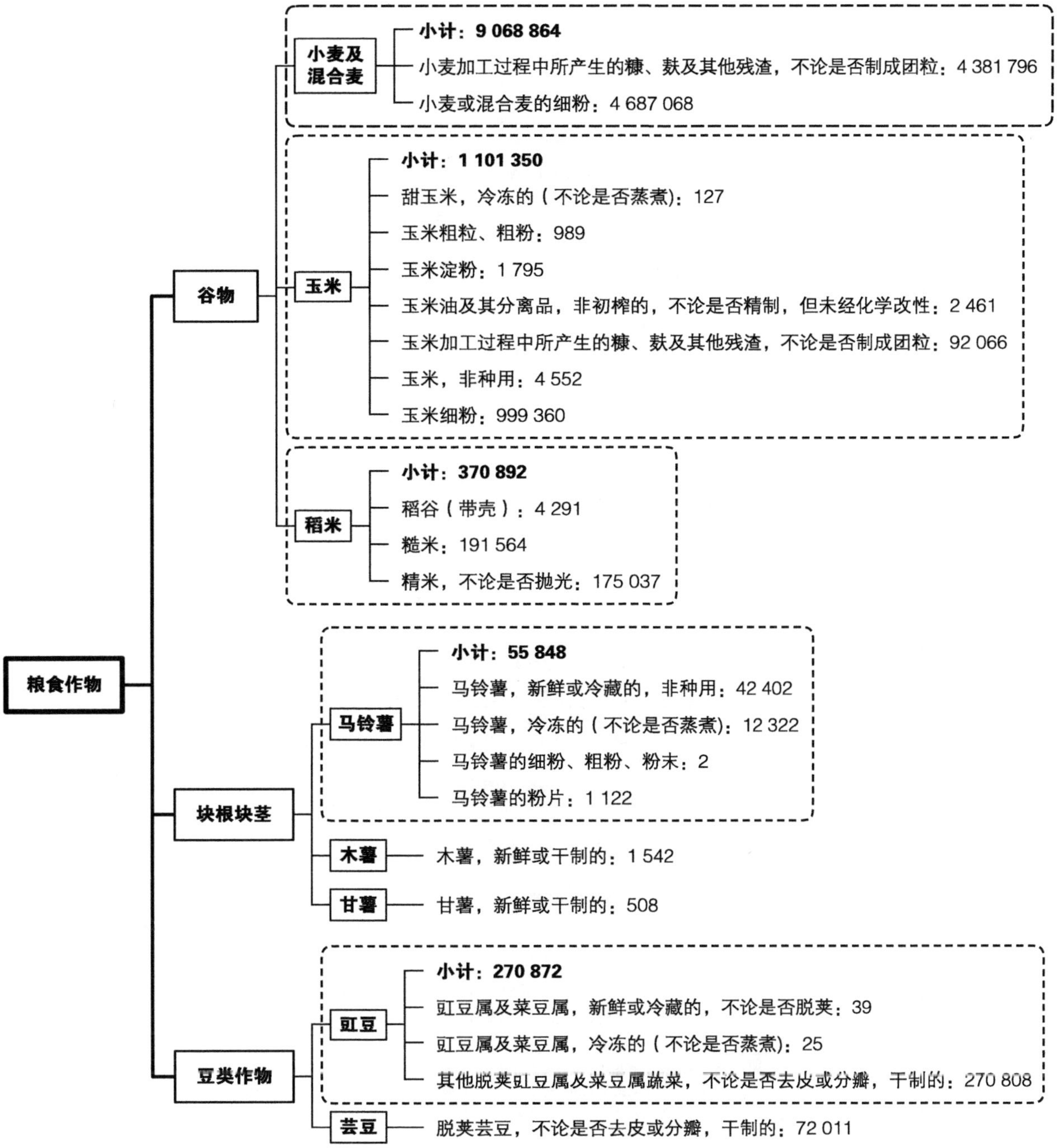

图 3－2　2018 年安哥拉主要出口粮食作物及其制品出口额（单位：美元）

（数据来源：UN Comtrade 数据库）

3.3.2　畜禽农产品进出口情况

2018 年安哥拉主要进口的畜禽农产品总进口额和总进口量：家禽类主要进口产品包括鸡（470 822 664 美元，434 066 567 千克）、火鸡（23 304 400 美元，14 867 026 千克）和鸭（173 349 美元，56 665 千克）；家畜类主要进口产品包括牛（149 877 512 美元，102 350 800 千克）、猪（132 432 613 美元，86 066 603 千克）和绵羊（1 617 955 美元，355 149 千克）；特种经济动物类主要进口产品包括蜂产品（59 212 725 美元，18 622 630 千克）。具体如图 3－5 所示。

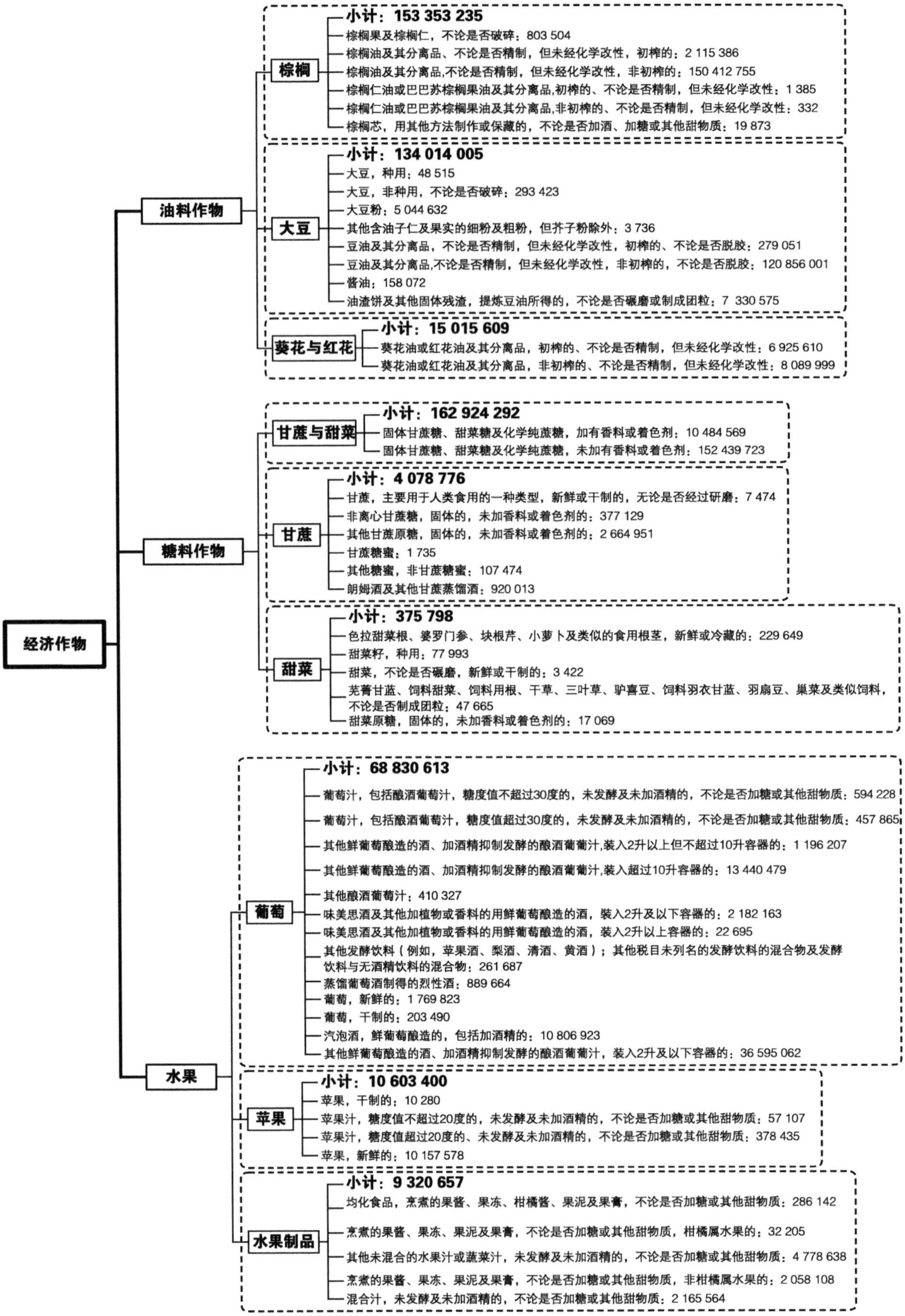

图3－3　2018年安哥拉主要进口经济作物及其制品进口额（单位：美元）

（数据来源：UN Comtrade数据库）

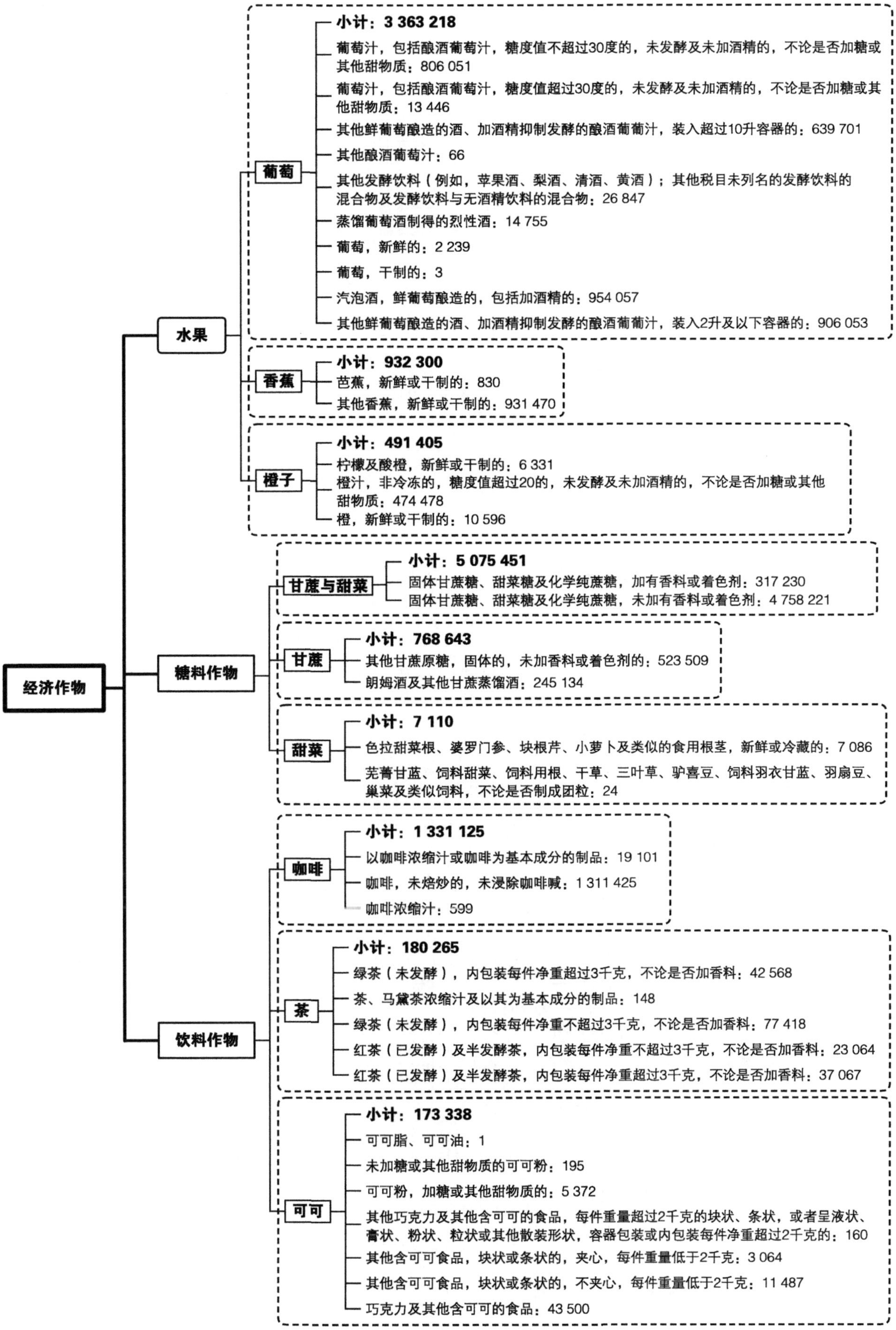

图 3－4　2018 年安哥拉主要出口经济作物及其制品出口额（单位：美元）

（数据来源：UN Comtrade 数据库）

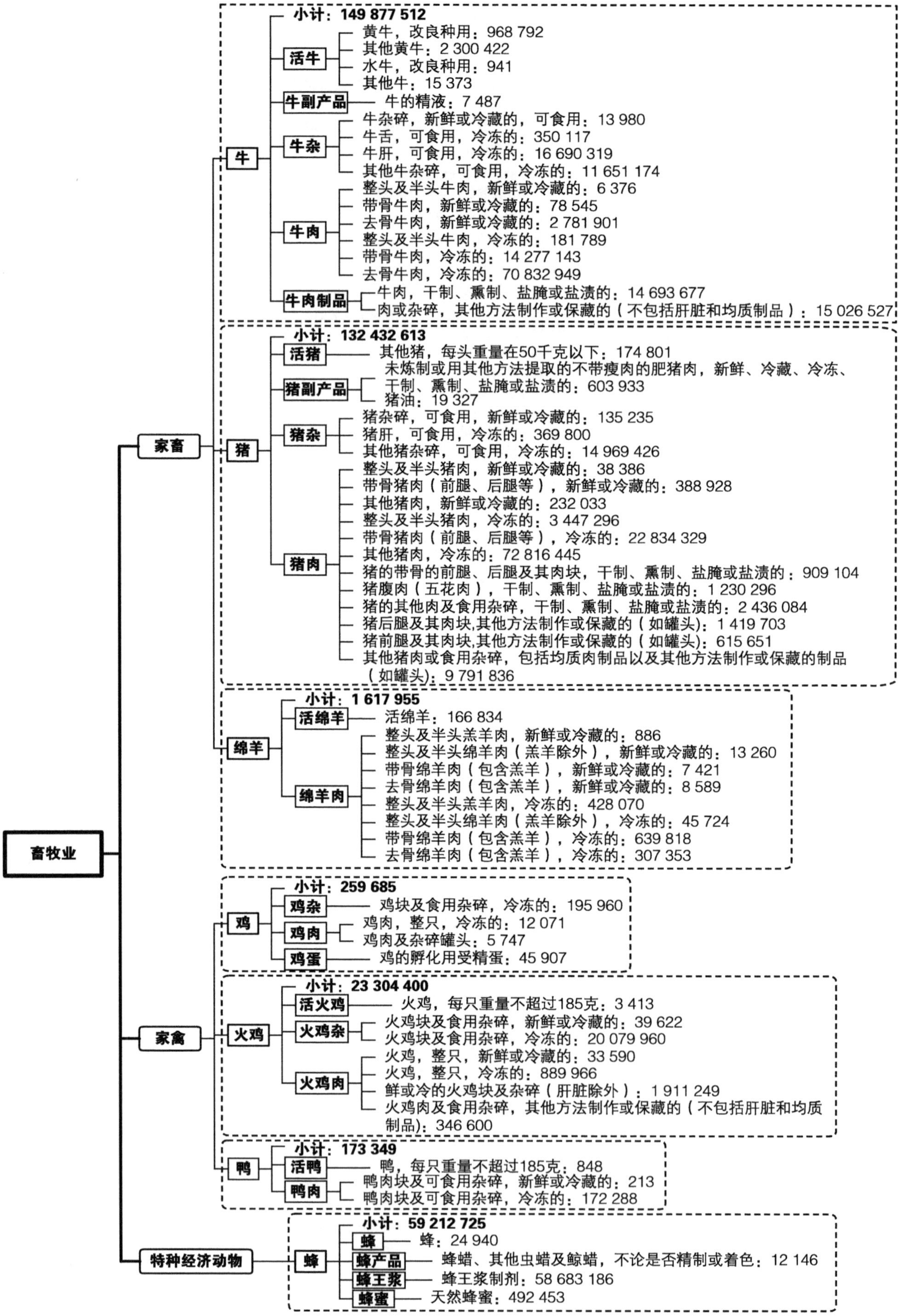

图3－5　2018年安哥拉主要进口畜禽产品进口额（单位：美元）

（数据来源：UN Comtrade数据库）

2018年安哥拉主要出口的畜禽农产品出口额和出口量数据如下：家禽类主要出口产品包括鹅（37 332美元，27 859千克）和鸡（9 710美元，49千克）；家畜类主要出口产品包括猪（121 340美元，18 767千克）、牛（52 726美元，2 932千克）和马（322美元，185千克）；特种经济动物类主要出口产品包括蜂产品（5 299美元，1 636千克）。具体如图3－6所示。

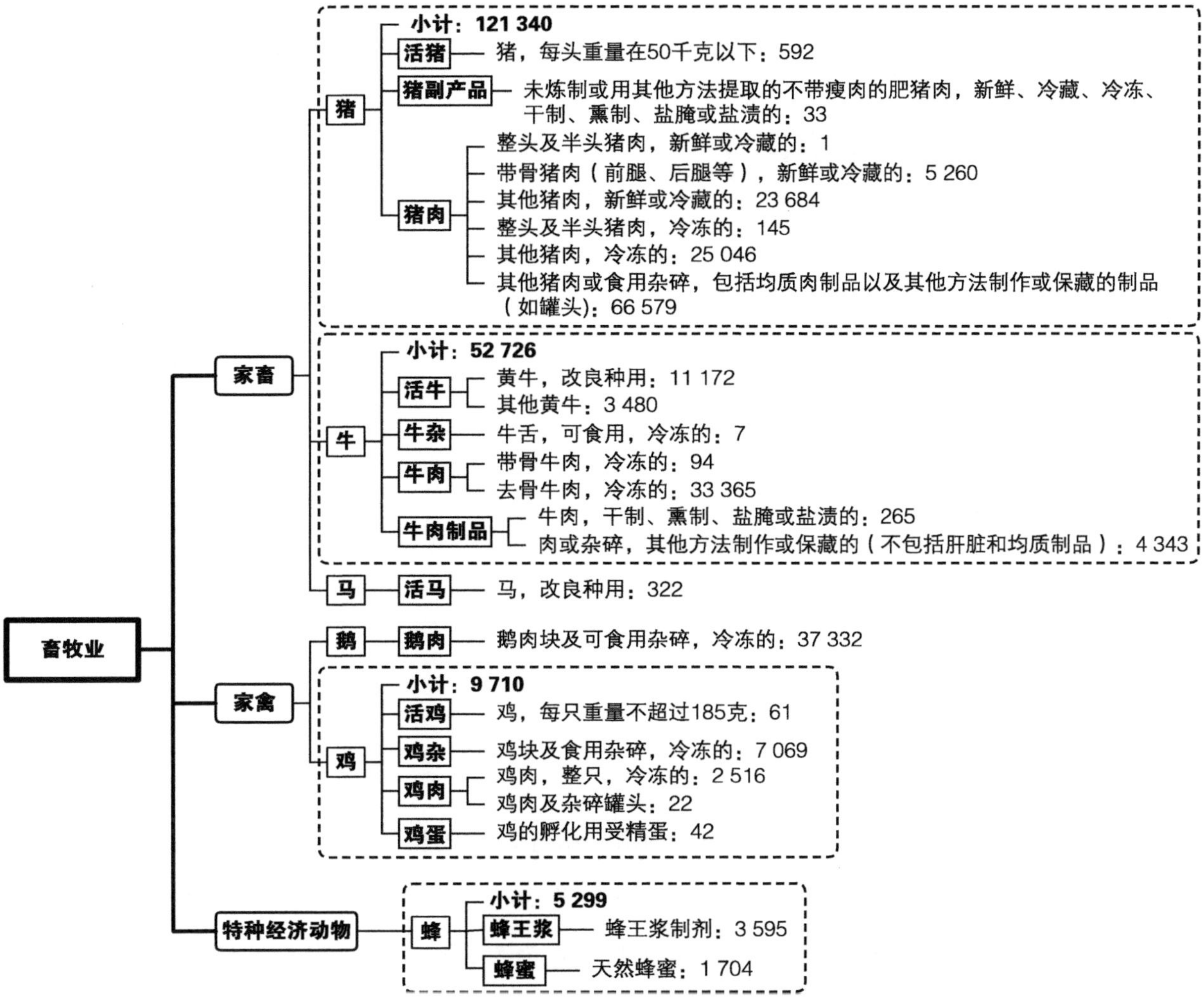

图3－6 2018年安哥拉主要出口畜禽产品出口额（单位：美元）

（数据来源：UN Comtrade数据库）

4 刚果（布）

4.1 国家基础数据

刚果（布），全称刚果共和国，位于非洲中西部，赤道横贯中部，东、南两面邻刚果（金）、安哥拉，北接中非、喀麦隆，西连加蓬，西南临大西洋。国土面积 34.2 万平方千米，其中农业用地面积 10.63 万平方千米，年均降水量 1 646 毫米。刚果（布）人口数量为 551.81 万人，其中农村人口为 175.55 万人，占总人口的比例为 32.63%，农业就业人员占就业人口比例的 33.78%。刚果（布）国民生产总值（GDP）为 112.64 亿美元，农业增加值占 GDP 的 7%，农业增加值年增长率为 3.02%。

4.2 农产品生产情况

4.2.1 种植业生产情况

依据 2018 年联合国粮食及农业组织（FAO）官方数据，统计分析刚果（布）种植业产品生产情况，分别从农作物初级品产量、农作物初级品播种面积、农作物加工品产量不同维度对刚果（布）主要农产品生产规模（表 4－1）及全球位次等进行展示，情况如下。

(1) 农作物初级品产量

2018年刚果（布）主要农作物初级品产量：木薯1 432 215吨；甘蔗698 604吨；油棕果154 159吨；木薯叶90 297吨；香蕉84 752吨；大蕉70 001吨；其他块根和块茎61 167吨；其他新鲜蔬菜39 196吨；杧果36 911吨；新鲜水果30 364吨。

(2) 农作物初级品播种面积

2018年刚果（布）主要农作物初级品播种面积：木薯133 325公顷；花生（带壳）45 252公顷；甘蔗19 579公顷；可可豆16 007公顷；谷子15 996公顷；玉米14 033公顷；香蕉12 686公顷；油棕果12 400公顷；生咖啡（豆）9 985公顷；大蕉9 447公顷。

(3) 农作物加工品产量

2018年刚果（布）主要农作物加工品产量：大麦啤酒300 000吨；粗糖（离心糖）81 766吨；糖蜜28 000吨；棕榈油26 390吨；棕榈仁5 870吨；花生油2 219吨。

表4－1　2018年刚果（布）种植业生产情况

国内排名	初级品产量		初级品播种面积		加工品产量	
	产品	产量（吨）	产品	播种面积（公顷）	产品	产量（吨）
1	木薯	1 432 215	木薯	133 325	大麦啤酒	300 000
2	甘蔗	698 604	花生（带壳）	45 252	粗糖（离心糖）	81 766
3	油棕果	154 159	甘蔗	19 579	糖蜜	28 000
4	木薯叶	90 297	可可豆	16 007	棕榈油	26 390
5	香蕉	84 752	谷子	15 996	棕榈仁	5 870
6	大蕉	70 001	玉米	14 033	花生油	2 219
7	其他块根和块茎	61 167	香蕉	12 686		
8	其他新鲜蔬菜	39 196	油棕果	12 400		
9	杧果	36 911	生咖啡（豆）	9 985		
10	新鲜水果	30 364	大蕉	9 447		

数据来源：FAO数据库。

4.2.2　畜禽生产情况

依据2018年联合国粮食及农业组织（FAO）官方数据，统计分析刚果（布）畜禽生产情况，分别从畜禽存栏量、畜禽初级品产量、畜禽加工品产量不同维度对该国主要农产品生产规模（表4－2）及全球位次进行展示，情况如下。

(1) 畜禽存栏量

2018年刚果（布）主要牲畜存栏量：牛368 313头；山羊327 467只；绵羊116 939只；猪109 143

头；马80匹。主要禽类存栏量：鸡3 009 000只。

（2）畜禽初级品产量

2018年刚果（布）主要畜禽初级品产量：野味53 276吨；鸡肉6 814吨；禽肉6 814吨；牛肉6 140吨；全脂牛奶5 144吨；猪肉1 832吨；鸡蛋1 494吨；山羊肉1 061吨；牛皮，新鲜872吨；牛杂碎786吨。

表4-2 2018年刚果（布）畜禽生产情况

国内排名	活动物		初级品	
	产品	存栏量（头、只或匹）	产品	产量（吨）
1	鸡	3 009 000	野味	53 276
2	牛	368 313	鸡肉	6 814
3	山羊	327 467	禽肉	6 814
4	绵羊	116 939	牛肉	6 140
5	猪	109 143	全脂牛奶	5 144
6	马	80	猪肉	1 832
7			鸡蛋	1 494
8			山羊肉	1 061
9			牛皮（新鲜）	872
10			牛杂碎	786

数据来源：FAO数据库。

4.3 农产品贸易情况

依据2018年联合国商品贸易统计数据库（UN Comtrade）官方数据，序化组织农业单品种多元形态数据信息（《商品名称及编码协调制度的国际公约》HS国际贸易商品分类体系6位编码商品），例如，将马铃薯种用、非种用、粗粉、细粉、颗粒等进出口数据进行集成汇总与统计分析，分别从粮食作物及其制品、经济作物及其制品、畜禽农产品进出口额（量）不同维度展示刚果（布）主要农产品贸易情况，情况如下。

4.3.1 种植业农产品进出口情况

（1）粮食作物及其制品

2018年刚果（布）主要进口的粮食作物及其制品总进口额和总进口量：谷物类中进口的主要农产品为小麦及混合麦（54 629 512美元，185 504 143千克）、稻米（29 233 031美元，72 618 445千克）和大麦（12 302 223美元，23 516 457千克）；块根块茎类中进口的农产品为马铃薯（1 513 293美元，2 238 378千克）、木薯（19 814美元，29 382千克）和甘薯（8 372美元，8 246千克）；豆类中进口的主要农产品为豌豆（764 115 美元，1 316 358 千克）、芸豆（664 103 美元，1 886 277 千克）和豇豆（386 989 美元，3 884 351 千克）。具体如图 4－1 所示。

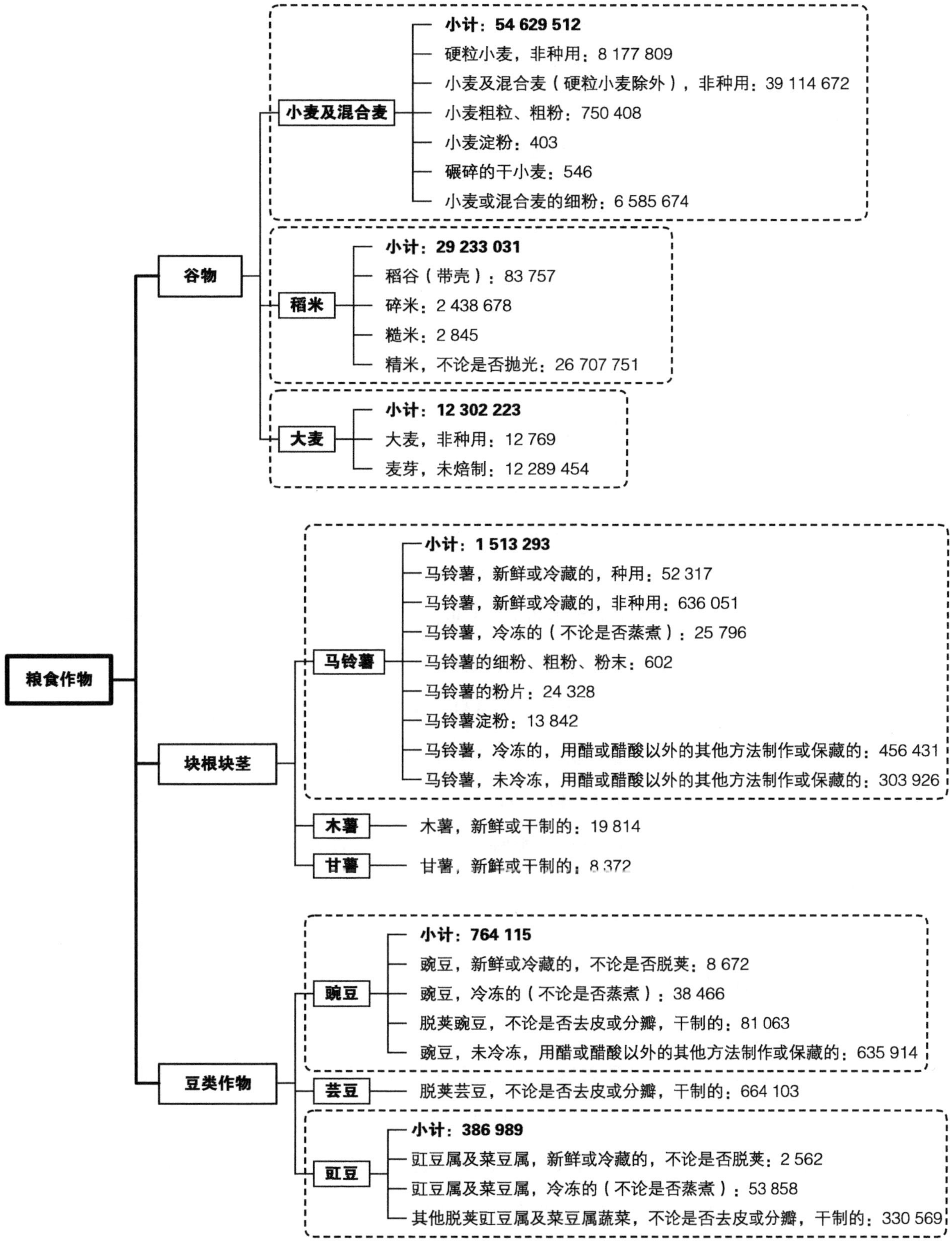

图 4－1　2018 年刚果（布）主要进口粮食作物及其制品进口额（单位：美元）

（数据来源：UN Comtrade 数据库）

2018 年刚果（布）主要出口的粮食作物及其制品总出口额和总出口量：谷物类中出口的主要农产品为小麦及混合麦（780 715 美元，11 792 130 千克）、稻米（146 080 美元，204 600 千克）和玉米（59 美元，400 千克）；块根块茎类中出口的农产品为木薯（4 977 美元，14 900 千克）；豆类中出口的主要农产品为豇豆（431 美元，400 千克）。具体如图 4－2 所示。

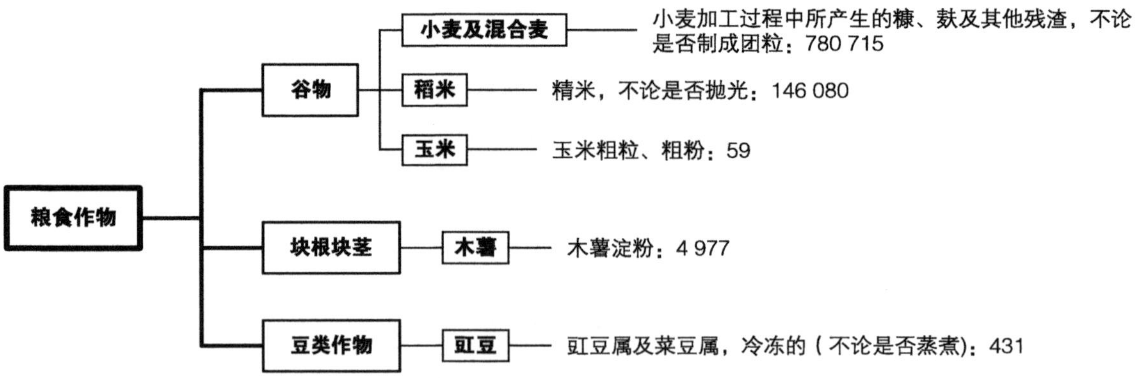

图 4－2　2018 年刚果（布）主要出口粮食作物及其制品出口额（单位：美元）

（数据来源：UN Comtrade 数据库）

（2）经济作物及其制品

2018 年刚果（布）主要进口的经济作物及其制品总进口额和总进口量：油料作物类中进口的主要农产品为棕榈（41 751 253 美元，56 838 692 千克）、大豆（2 715 744 美元，3 317 636 千克）和芥菜子（259 639 美元，280 231 千克）；蔬菜类中进口的主要农产品为洋葱（5 229 255 美元，17 487 248 千克）、番茄（3 965 880 美元，4 712 575 千克）和大蒜（779 288 美元，1 175 469 千克）；水果类中进口的主要农产品为葡萄（4 858 606 美元，2 761 297 千克）、水果制品（1 371 379 美元，2 064 658 千克）和苹果（1 062 963 美元，1 305 139 千克）。具体如图 4－3 所示。

主要出口的经济作物及其制品总出口额和总出口量：水果类中出口的主要农产品为葡萄（2 253 531 美元，242 499 千克）、水果制品（32 501 美元，31 797 千克）和李子及梅子（1 295 美元，2 400 千克）；糖料作物类中出口的主要农产品为甘蔗（2 447 171 美元，3 389 169 千克）；饮料作物类中出口的主要农产品为可可（975 005 美元，1 516 779 千克）、咖啡（5 016 美元，1 649 千克）和茶（1 044 美元，47 千克）。具体如图 4－4 所示。

4.3.2　畜禽农产品进出口情况

2018 年刚果（布）主要进口的畜禽农产品总进口额和总进口量：家禽类主要进口产品包括鸡（104 906 804 美元，106 408 233 千克）、火鸡（9 141 577 美元，7 244 288 千克）和鸭（61 850 美元，14 498 千克）；家畜类主要进口产品包括猪（35 706 952 美元，32 055 209 千克）、牛（19 727 190 美元，10 734 814 千克）和绵羊（647 490 美元，206 649 千克）；特种经济动物类主要进口产品包括蜂产品（3 083 495 美元，1 619 934 千克）。具体如图 4－5 所示。

2018 年刚果（布）主要出口的畜禽农产品出口额和出口量：家畜类主要出口产品包括猪（3 695 美元，146 千克）；特种经济动物类主要出口产品包括蜂产品（771 514 美元，172 003 千克）。具体如图 4－6 所示。

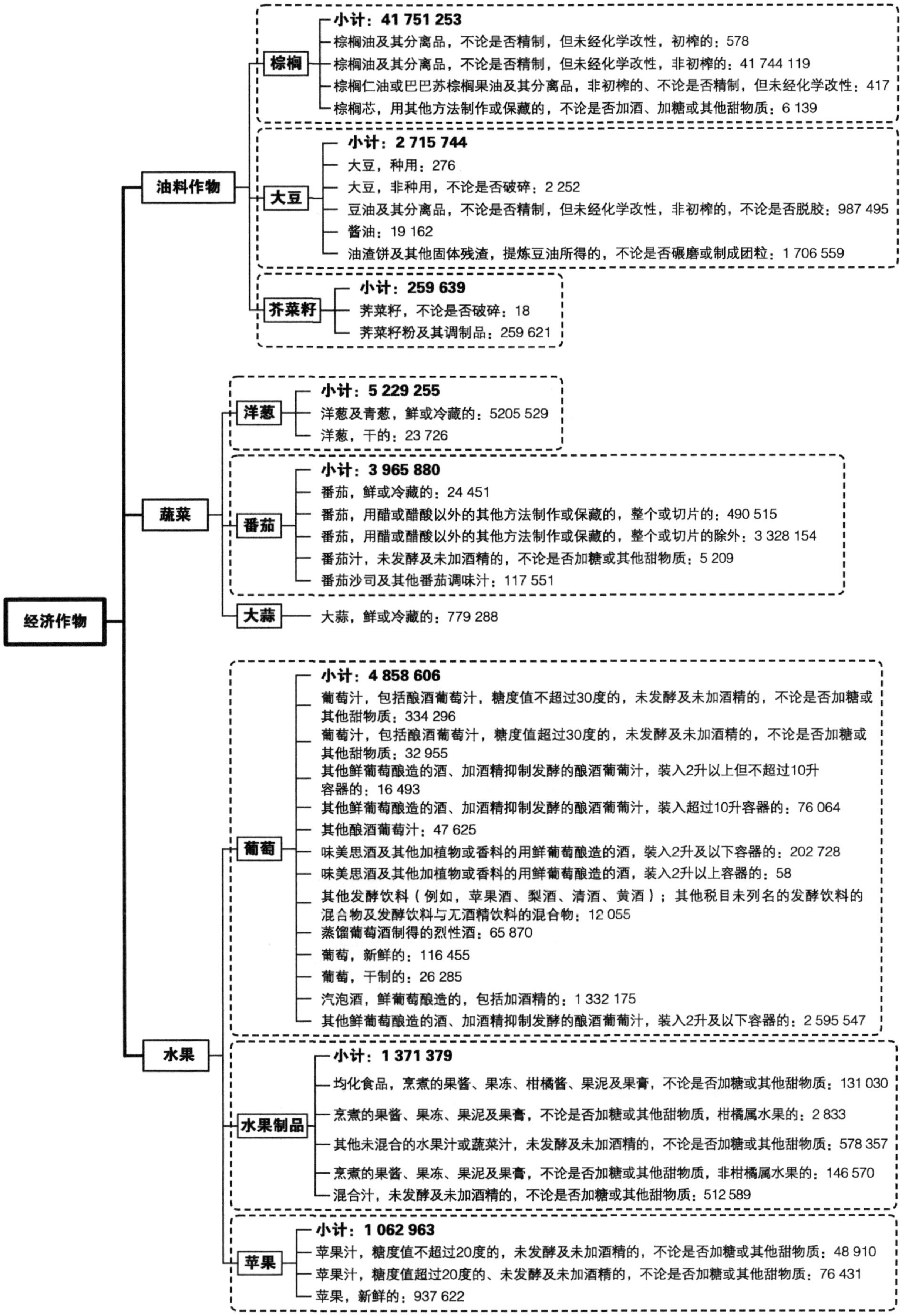

图 4－3　2018 年刚果（布）主要进口经济作物及其制品进口额（单位：美元）

（数据来源：UN Comtrade 数据库）

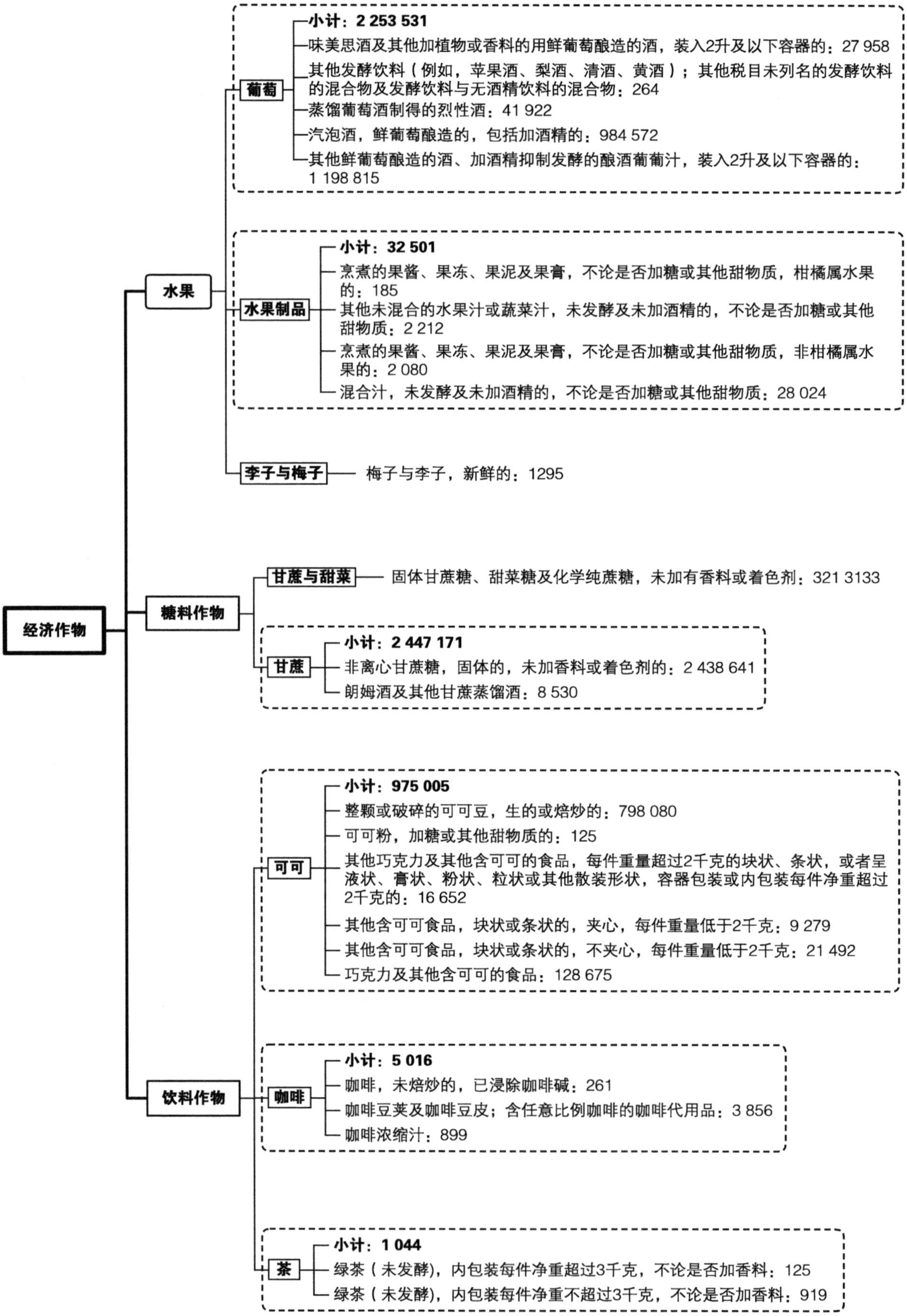

图4－4　2018年刚果（布）主要出口经济作物及其制品出口额（单位：美元）

（数据来源：UN Comtrade数据库）

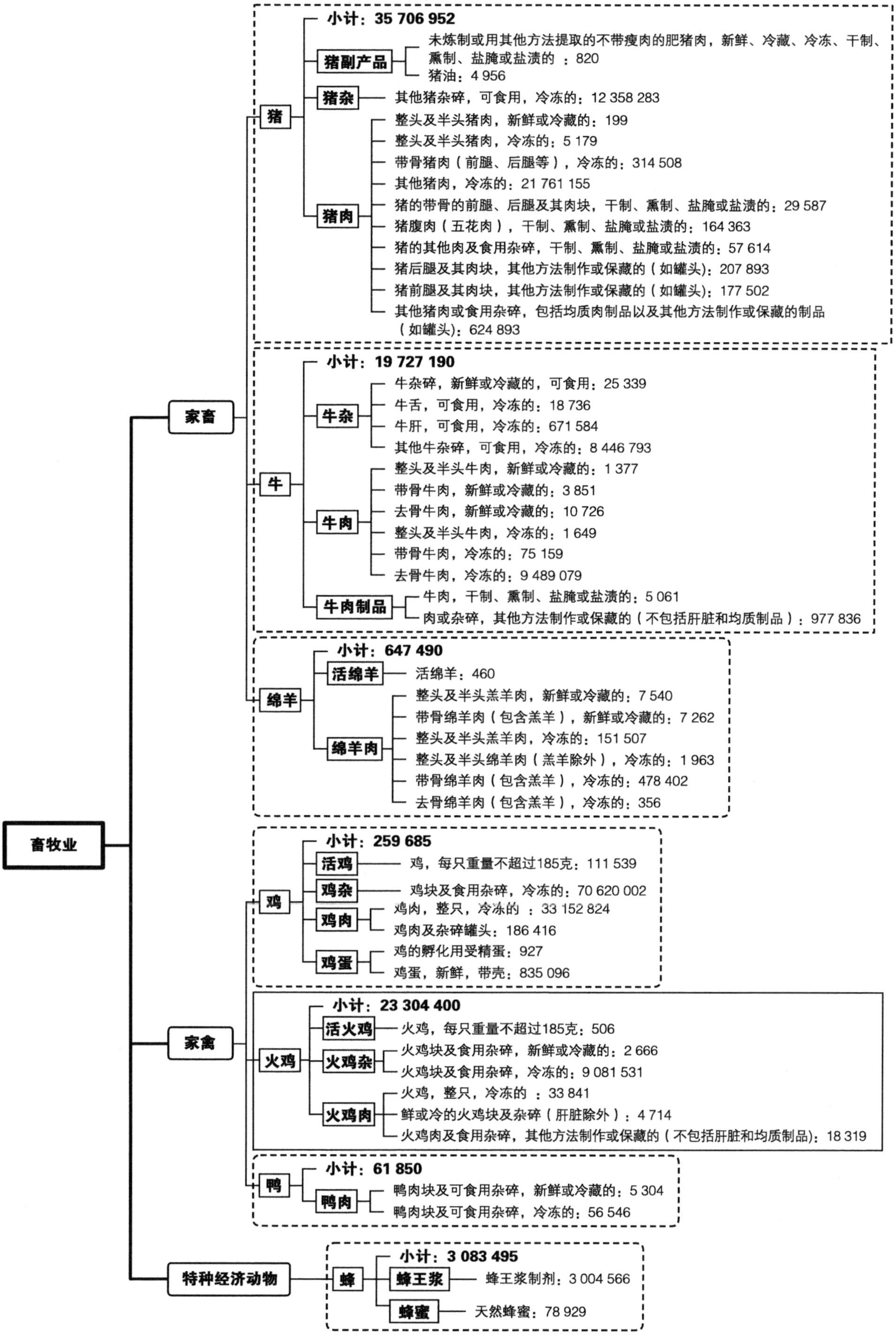

图 4－5　2018 年刚果（布）主要进口畜禽产品进口额（单位：美元）

（数据来源：UN Comtrade 数据库）

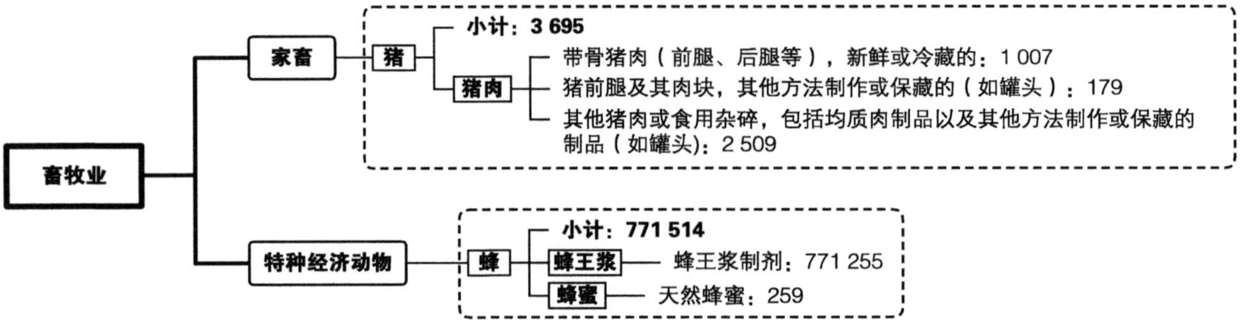

图4－6　2018年刚果（布）主要出口畜禽产品出口额（单位：美元）

（数据来源：UN Comtrade 数据库）

5 津巴布韦

5.1 国家基础数据

津巴布韦位于非洲东南部，系内陆高原国。北与西北以赞比西河为界，与赞比亚为邻，东与东北和莫桑比克接壤，西与博茨瓦纳毗邻，南以林波波河与南非为界。国土面积39.08万平方千米，其中农业用地面积16.2万平方千米，年均降水量657毫米。津巴布韦人口数量为1 486.29万人，其中农村人口为992.82万人，占总人口的比例为67.79%，农业就业人员占就业人口比例的66.27%。津巴布韦国民生产总值（GDP）为310亿美元，农业增加值占GDP的12%。

5.2 农产品生产情况

5.2.1 种植业生产情况

依据2018年联合国粮食及农业组织（FAO）官方数据，统计分析津巴布韦种植业产品生产情况，分别从农作物初级品产量、农作物初级品播种面积、农作物加工品产量不同维度对津巴布韦主要农产品生产规模（表5－1）及全球位次等进行展示，情况如下。

（1）农作物初级品产量

2018年津巴布韦主要农作物初级品产量：甘蔗3 582 994吨；玉米1 560 100吨；木薯250 000吨；烟叶239 906吨（全球排名18/154[①]，占全球产量比例3.85%[②]）；其他新鲜蔬菜191 439吨；香蕉180 000吨；籽棉105 888吨；花生（带壳）102 958吨；橘子97 532吨；高粱75 324吨。

（2）农作物初级品播种面积

2018年津巴布韦主要农作物初级品播种面积：玉米1 155 075公顷；花生（带壳）205 296公顷；烟叶136 412公顷（全球排名18/155，占全球产量比例3.92%）；籽棉129 447公顷；高粱115 914公顷；谷子115 557公顷；巴拉豆81 633公顷；木薯52 492公顷；甘蔗45 000公顷；大豆37 307公顷。

（3）农作物加工品产量

2018年津巴布韦主要农作物加工品产量：粗糖（离心糖）453 231吨；大麦啤酒230 000吨；糖蜜142 009吨；棉籽70 000吨；人造黄油32 000吨；玉米油15 459吨；棉绒12 900吨；大豆油11 700吨；棉籽油10 200吨；花生油10 100吨。

表5－1 2018年津巴布韦种植业生产情况

国内排名	初级品产量		初级品播种面积		加工品产量	
	产品	产量（吨）	产品	播种面积（公顷）	产品	产量（吨）
1	甘蔗	3 582 994	玉米	1 155 075	粗糖（离心糖）	453 231
2	玉米	1 560 100	花生（带壳）	205 296	大麦啤酒	230 000
3	木薯	250 000	烟叶	136 412	糖蜜	142 009
4	烟叶	239 906	籽棉	129 447	棉籽	70 000
5	其他新鲜蔬菜	191 439	高粱	115 914	人造黄油	32 000
6	香蕉	180 000	谷子	115 557	玉米油	15 459
7	籽棉	105 888	巴拉豆	81 633	棉绒	12 900
8	花生（带壳）	102 958	木薯	52 492	大豆油	11 700
9	橘子	97 532	甘蔗	45 000	棉籽油	10 200
10	高粱	75 324	大豆	37 307	花生油	10 100

数据来源：FAO数据库。

5.2.2 畜禽生产情况

依据2018年联合国粮食及农业组织（FAO）官方数据，统计分析津巴布韦畜禽生产情况，分别从畜

① 全球排名18/154，154是指依据FAO统计数据源，2018年共154个国家生产烟叶并提供了产量数据，各国产量由高到低排序，津巴布韦烟叶产量全球排名位于第18位，余同。

② 全球产量占比3.85%指依据FAO统计数据源，2018年津巴布韦烟叶产量占全球总产量（世界各国向FAO提供烟叶产量数据之和）的比重为3.85%，余同。

禽存栏量、畜禽初级品产量、畜禽加工品产量不同维度对该国主要农产品生产规模（表 5－2）及全球位次进行展示，情况如下。

（1）畜禽存栏量

2018 年津巴布韦主要牲畜存栏量：牛 5 404 875 头；山羊 4 896 838 只；驴 585 069 头；绵羊 284 015 只；猪 211 821 头；马 28 248 匹；骡 1 252 头。主要禽类存栏量：鸡 10 357 000 只；鸭 87 000 只；火鸡 30 000 只。

（2）畜禽初级品产量

2018 年津巴布韦主要畜禽初级品产量：全脂牛奶 418 687 吨；牛肉 105 329 吨；禽肉 62 237 吨；鸡肉 62 062 吨；野味 36 135 吨；山羊肉 25 479 吨；鸡蛋 24 480 吨；牛杂碎 15 047 吨；牛皮（新鲜）12 038 吨；猪肉 7 572 吨。

（3）畜禽加工品产量

2018 年津巴布韦主要畜禽加工品产量：脱脂牛奶 48 411 吨；奶酪 6 022 吨；干全脂牛奶 5 845 吨；炼乳 5 695 吨；全脂淡奶 4 946 吨；奶酪（全脂牛奶）2 473 吨；奶酪 2 473 吨；黄油（牛奶）2 091 吨；干脱脂牛奶 1 066 吨；鲜奶油 944 吨。

表 5－2　2018 年津巴布韦畜禽生产情况

国内排名	活动物		初级品		加工品	
	产品	存栏量（头、只或匹）	产品	产量（吨）	产品	产量（吨）
1	鸡	10 357 000	全脂牛奶	418 687	脱脂牛奶	48 411
2	牛	5 404 875	牛肉	105 329	奶酪	6 022
3	山羊	4 896 838	禽肉	62 237	干全脂牛奶	5 845
4	驴	585 069	鸡肉	62 062	炼乳	5 695
5	绵羊	284 015	野味	36 135	全脂淡奶	4 946
6	猪	211 821	山羊肉	25 479	奶酪（全脂牛奶）	2 473
7	鸭	87 000	鸡蛋	24 480	奶酪	2 473
8	火鸡	30 000	牛杂碎	15 047	黄油（牛奶）	2 091
9	马	28 248	牛皮（新鲜）	12 038	干脱脂牛奶	1 066
10	骡	1 252	猪肉	7 572	鲜奶油	944

数据来源：FAO 数据库。

5.3 农产品贸易情况

依据 2018 年联合国商品贸易统计数据库（UN Comtrade）官方数据，序化组织农业单品种多元形态数据信息（《商品名称及编码协调制度的国际公约》HS 国际贸易商品分类体系 6 位编码商品），例如，将马铃薯种用、非种用、粗粉、细粉、颗粒等进出口数据进行集成汇总与统计分析，分别从粮食作物及其制品、经济作物及其制品、畜禽农产品进出口额（量）不同维度展示津巴布韦主要农产品贸易情况，情况如下。

5.3.1 种植业农产品进出口情况

（1）粮食作物及其制品

2018 年津巴布韦主要进口的粮食作物及其制品总进口额和总进口量：谷物类中进口的主要农产品为稻米（113 090 992 美元，167 089 138 千克）、小麦及混合麦（109 619 338 美元，277 908 961 千克）和玉米（48 981 060 美元，100 862 206 千克）；块根块茎类中进口的农产品为马铃薯（9 560 509 美元，8 747 627 千克）和木薯（311 136 美元，368 050 千克）；豆类中进口的主要农产品为豌豆（1 197 767 美元，1 554 252 千克）、芸豆（687 611 美元，667 362 千克）和绿豆（595 010 美元，760 023 千克）。具体如图 5－1 所示。

2018 年津巴布韦主要出口的粮食作物及其制品总出口额和总出口量：谷物类中出口的主要农产品为玉米（3 213 506 美元，10 339 068 千克）、小麦及混合麦（1 568 234 美元，20 335 200 千克）、高粱（939 016 美元，4 969 818 千克）；块根块茎类中出口的农产品为马铃薯（35 813 美元，38 274 千克）；豆类中出口的主要农产品为豌豆（8 050 778 美元，3 479 995 千克）、豇豆（370 016 美元，370 272 千克）和绿豆（134 864 美元，112 031 千克）。具体如图 5－2 所示。

（2）经济作物及其制品

2018 年津巴布韦主要进口的经济作物及其制品总进口额和总进口量：油料作物类中进口的主要农产品为大豆（167 140 359 美元，211 726 440 千克）、棕榈（14 083 380 美元，13 217 501 千克）和花生（6 894 422 美元，进口量数据暂缺）；水果类中进口的主要农产品为葡萄（9 355 315 美元，5 748 395 千克）、水果制品（5 253 384 美元，5 667 492 千克）和橙子（4 217 895 美元，2 704 730 千克）；饮料作物类中进口的主要农产品为可可（6 667 203 美元，1 190 663 千克）、茶（2 674 166 美元，331 352 千克）和咖啡（1 732 182 美元，337 269 千克）。具体如图 5－3 所示。

2018 年津巴布韦主要出口的经济作物及其制品总出口额和总出口量：水果类中出口的主要农产品为橙子（10 263 202 美元，58 222 966 千克）、牛油果（2 530 010 美元，5 183 460 千克）和橘子（815 511 美元，429 312 千克）；糖料作物类中出口的主要农产品为甘蔗（38 114 936 美元，75 895 846 千克）；饮料作物类中出口的主要农产品为茶（23 695 005 美元，14 228 703 千克）、可可（1 684 357 美元，15 832 千克）和咖啡（1 406 177 美元，275 734 千克）。具体如图 5－4 所示。

5.3.2 畜禽农产品进出口情况

2018 年津巴布韦主要进口的畜禽农产品总进口额和总进口量：家禽类主要进口产品包括鸡

(24 376 163 美元，6 613 485 千克)、火鸡（3 692 美元，573 千克）和珍珠鸡（3 366 美元，204 千克）；家畜类主要进口产品包括牛（3 391 258 美元，979 039 千克）、猪（1 431 081 美元，346 984 千克）和山羊(361 498 美元，55 850 千克)；特种经济动物类主要进口产品包括蜂产品（10 838 076 美元，4 933 203 千克)。具体如图 5 -5 所示。

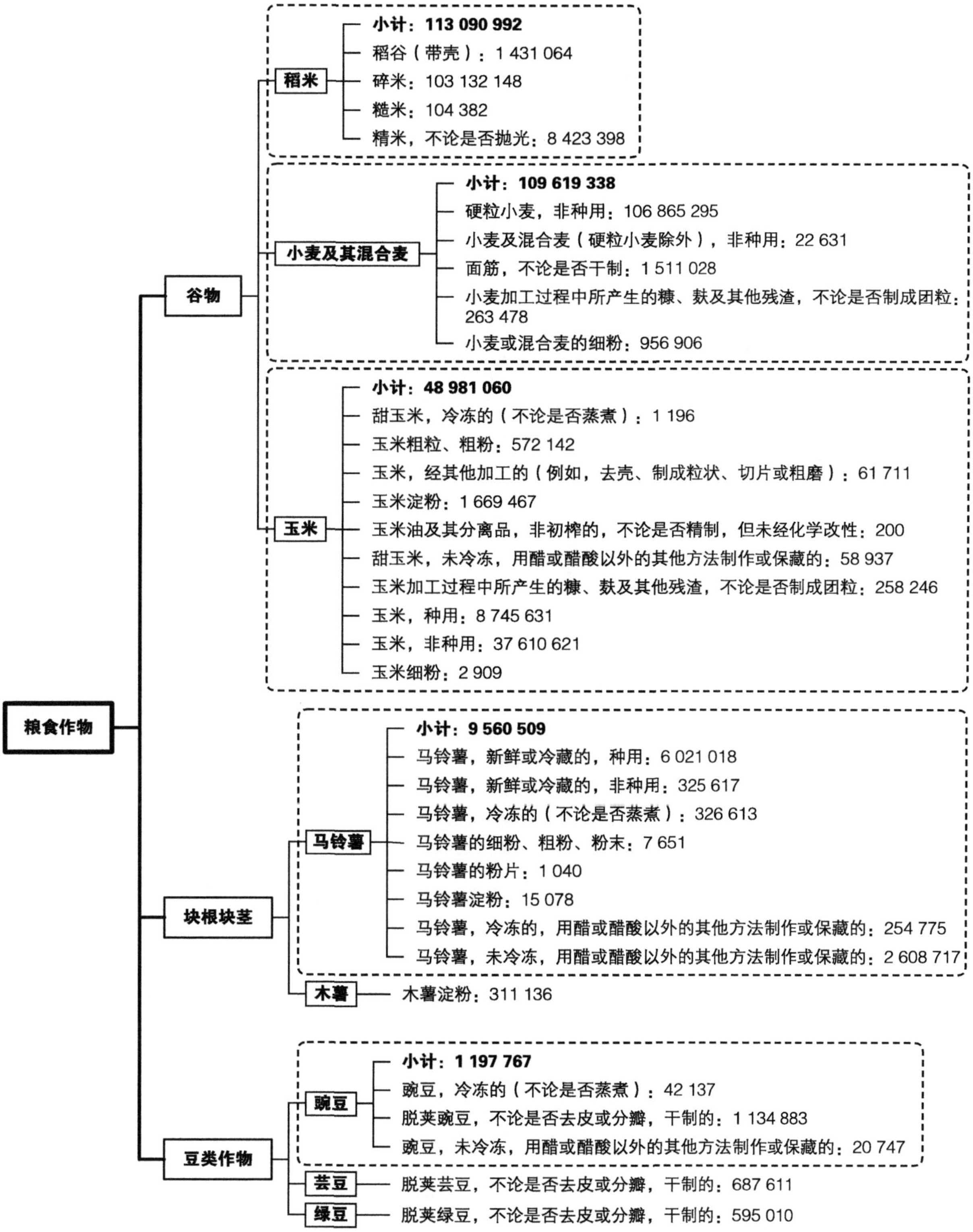

图 5 -1　2018 年津巴布韦主要进口粮食作物及其制品进口额（单位：美元）

（数据来源：UN Comtrade 数据库）

2018 年津巴布韦主要出口的畜禽农产品出口额和出口量：家禽类主要出口产品包括鸡（147 560 美元，6 560 千克）；家畜类主要出口产品包括牛（73 198 美元，10 600 千克）、猪（24 362 美元，3 840 千克）和马（20 352 美元，24 850 千克）；特种经济动物类主要出口产品包括蜂产品（284 564 美元，52 884 千克）。具体如图 5－6 所示。

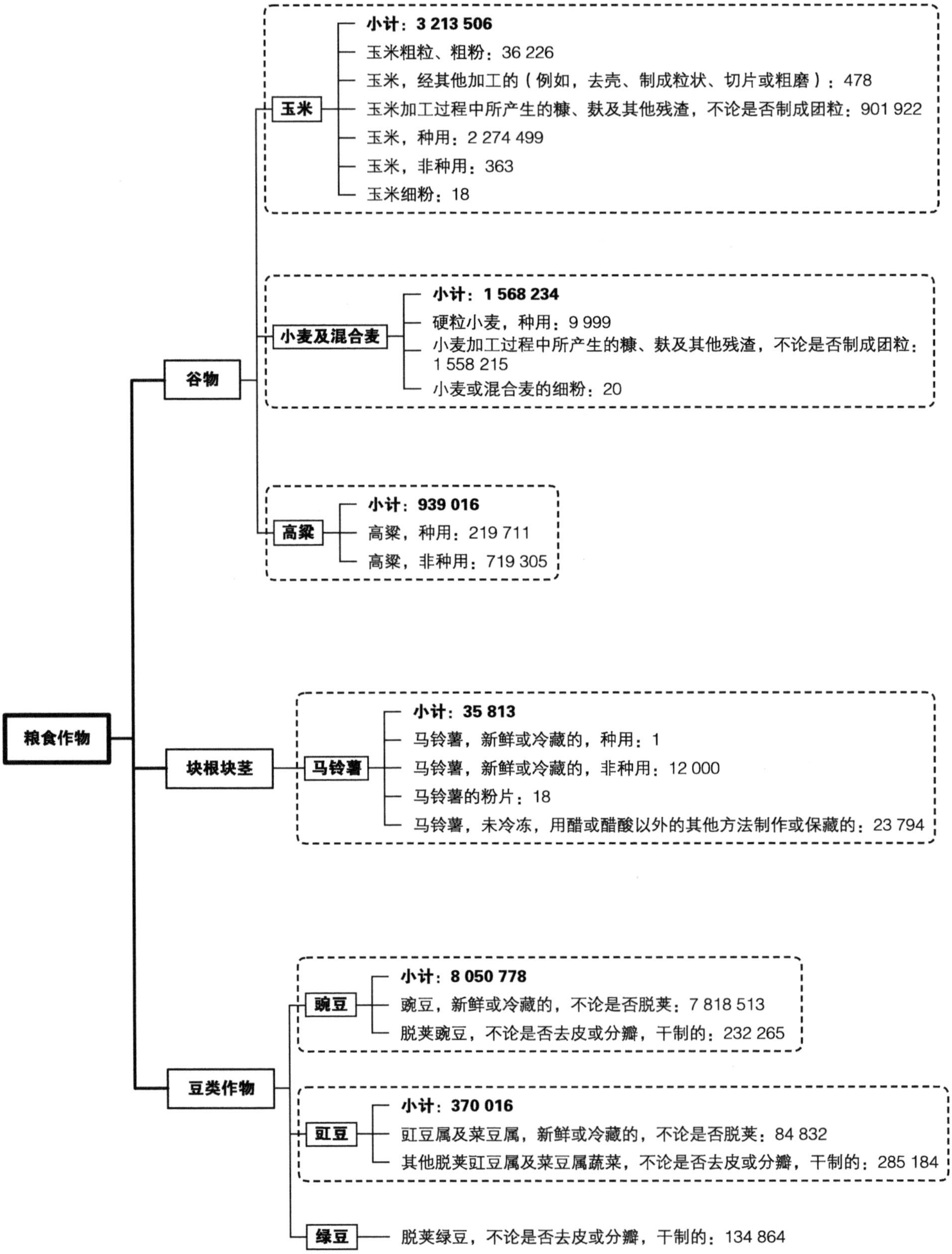

图 5－2　2018 年津巴布韦主要出口粮食作物及其制品出口额（单位：美元）

（数据来源：UN Comtrade 数据库）

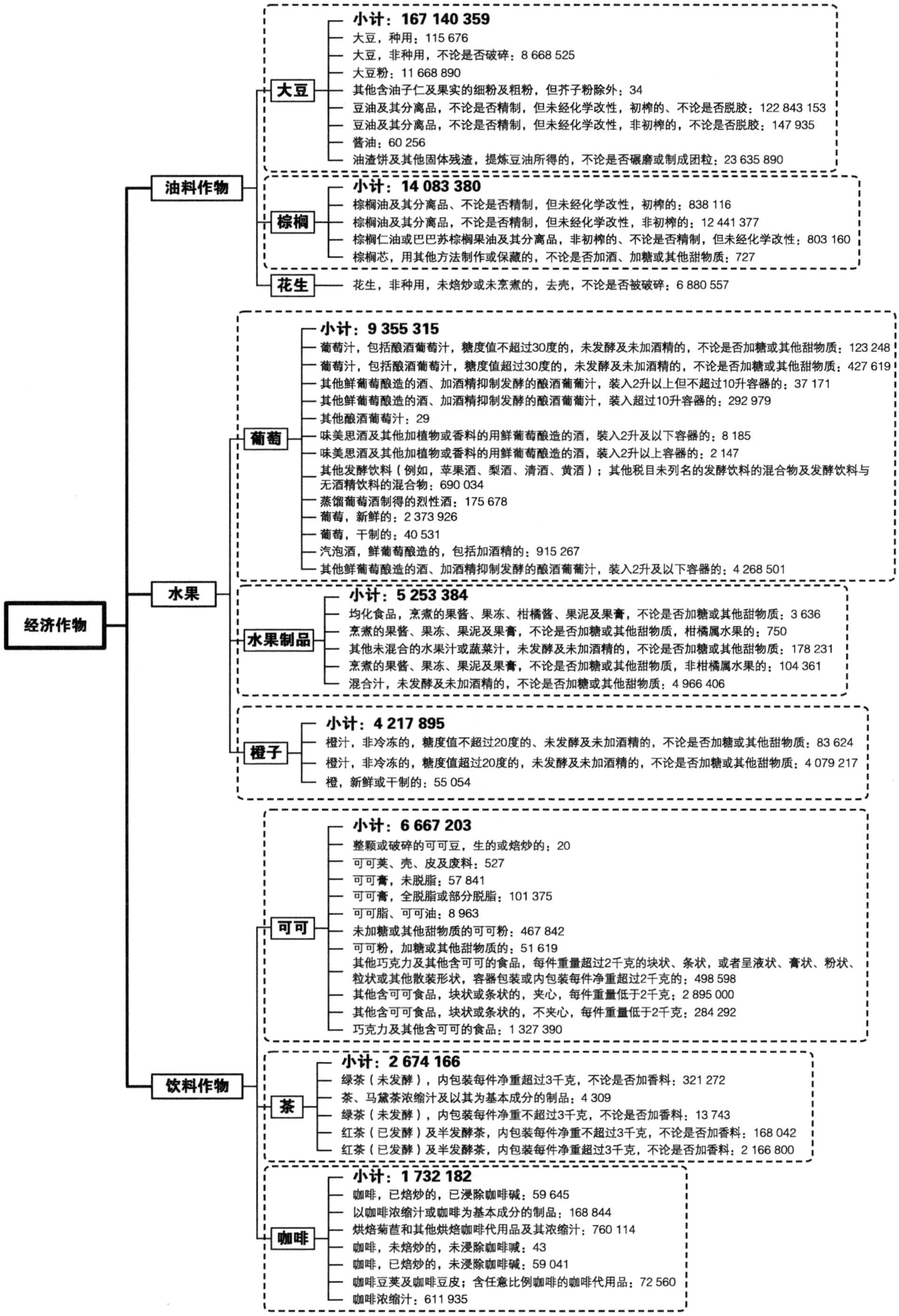

图 5－3　2018 年津巴布韦主要进口经济作物及其制品进口额（单位：美元）

（数据来源：UN Comtrade 数据库）

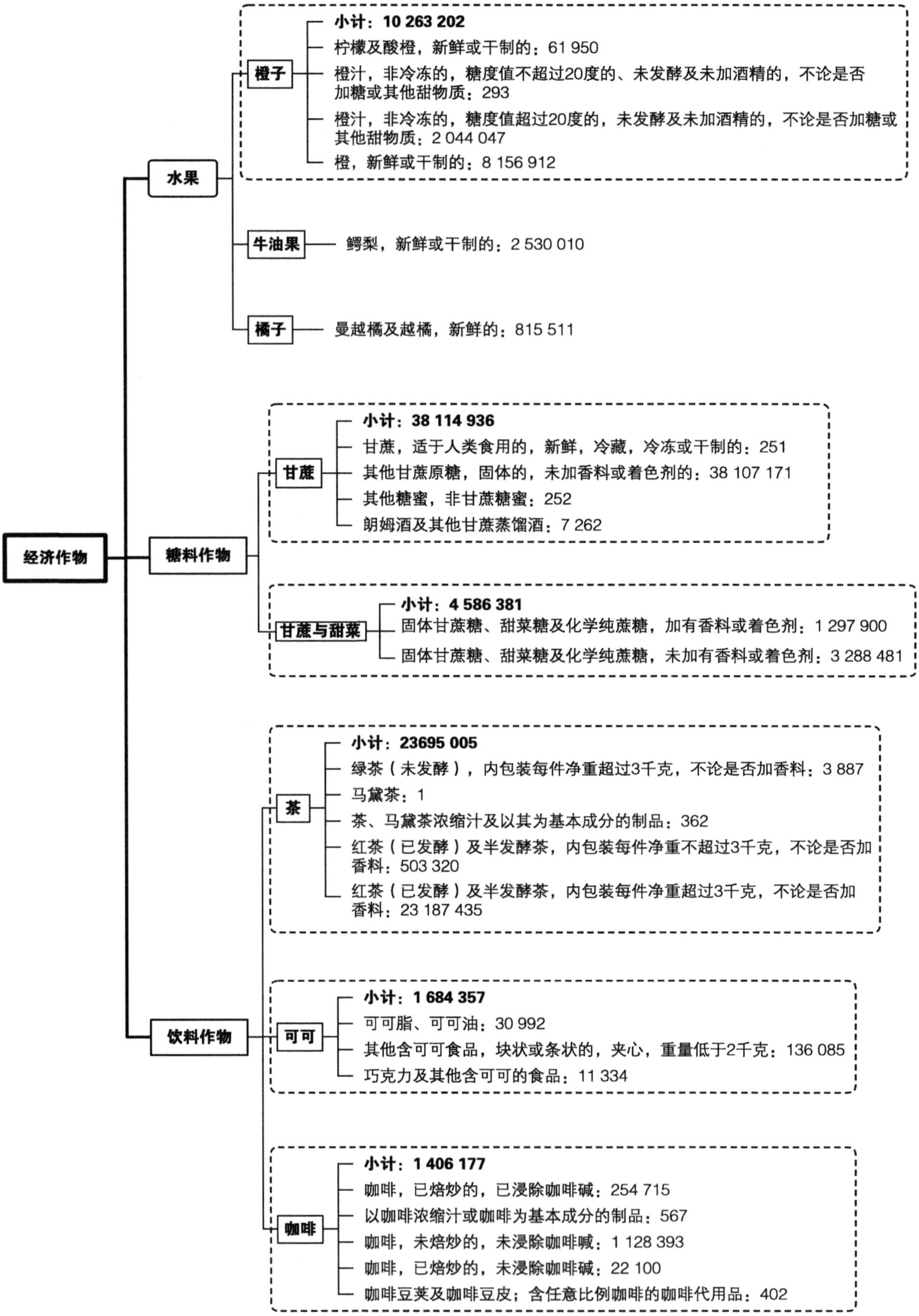

图5－4　2018年津巴布韦主要出口经济作物及其制品出口额（单位：美元）

（数据来源：UN Comtrade数据库）

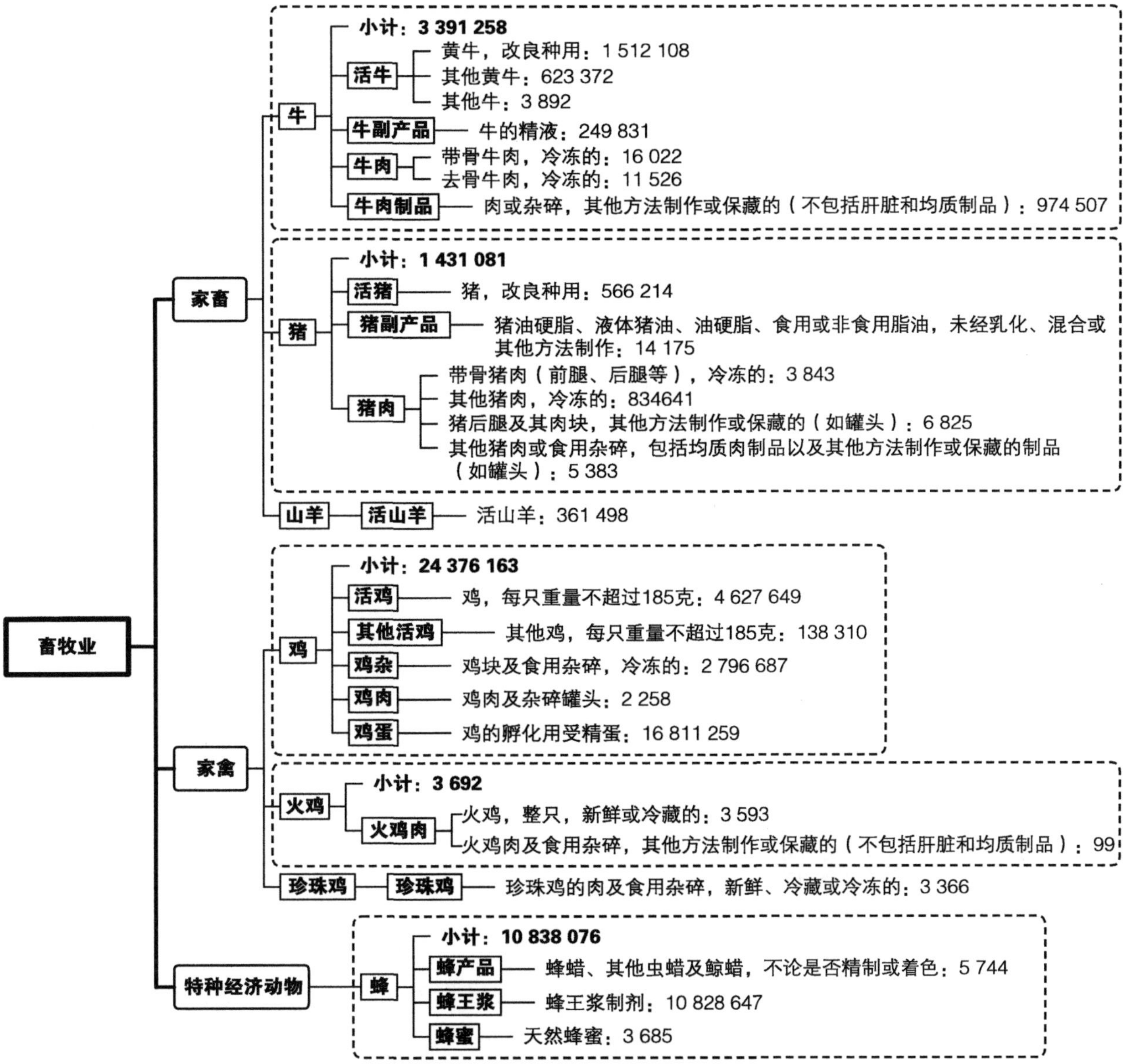

图 5－5　2018 年津巴布韦主要进口畜禽产品进口额（单位：美元）

（数据来源：UN Comtrade 数据库）

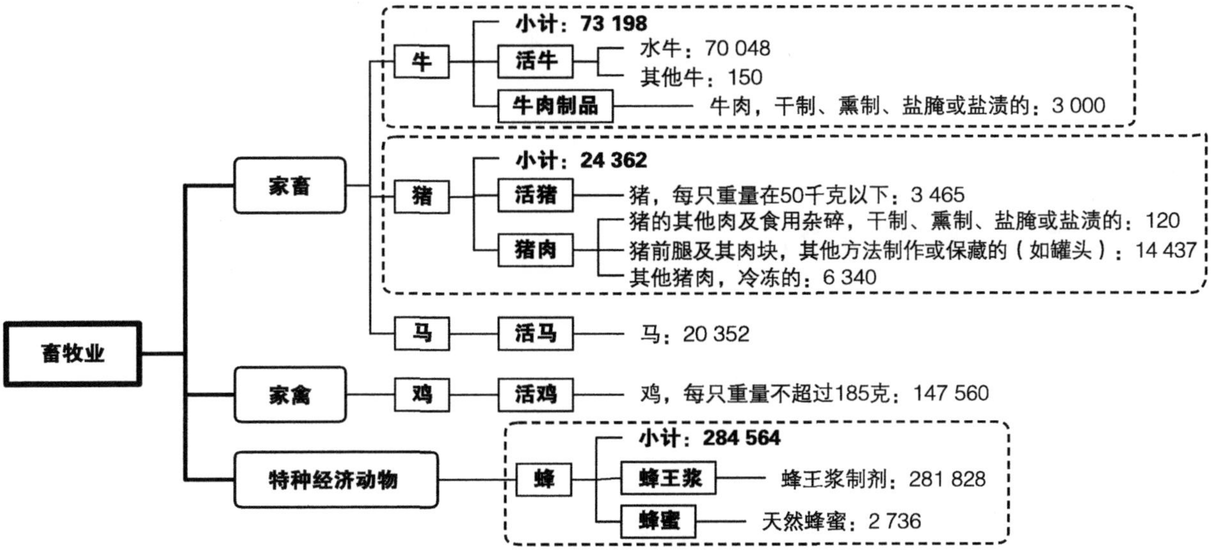

图 5－6　2018 年津巴布韦主要出口畜禽产品出口额（单位：美元）

（数据来源：UN Comtrade 数据库）

6 肯尼亚

6.1 国家基础数据

肯尼亚位于非洲东部，赤道横贯其中部，东非大裂谷纵贯南北。东邻索马里，南接坦桑尼亚，西连乌干达，北与埃塞俄比亚、南苏丹交界，东南濒临印度洋，海岸线长 536 千米。国土面积 58.2 万平方千米，其中农业用地面积 27.63 万平方千米，年均降水深度 630 毫米。肯尼亚人口数量为 5 377.13 万人，其中农村人口为 3 811.2 万人，占总人口的比例为 72.49%，农业就业人员占就业人口比例的 53.81%。肯尼亚国民生产总值（GDP）为 879 亿美元，农业增加值占 GDP 的 34%，农业增加值年增长率为 3.58%。

6.2 农产品生产情况

6.2.1 种植业生产情况

依据 2018 年联合国粮食及农业组织（FAO）官方数据，统计分析肯尼亚种植业产品生产情况，分别从农作物初级品产量、农作物初级品播种面积、农作物加工品产量不同维度对肯尼亚主要农产品生产规模（表 6－1）及全球位次等进行展示，情况如下。

（1）农作物初级品产量

2018 年肯尼亚主要农作物初级品产量：甘蔗 5 262 157 吨；玉米 4 013 777 吨；马铃薯 1 870 375 吨；香蕉 1 414 176 吨（全球排名 34/149[①]，占全球产量比例 1.22%[②]）；木薯 945 991 吨；甘薯 871 010 吨（全球排名 31/131，占全球产量比例 0.95%）；干豆 837 000 吨（全球排名 24/128，占全球产量比例 2.79%）；杧果 676 377 吨；白菜 674 253 吨（全球排名 34/180，占全球产量比例 0.97%）；其他新鲜蔬菜 670 000 吨。

（2）农作物初级品播种面积

2018 年肯尼亚主要农作物初级品播种面积：玉米 2 273 283 公顷（全球排名 41/197，占全球产量比例 1.16%）；干豆 1 177 173 公顷（全球排名 18/128，占全球产量比例 3.30%）；干豇豆 259 235 公顷（全球排名 14/59，占全球产量比例 1.80%）；高粱 240 403 公顷；茶 236 200 公顷（全球排名 12/68，占全球产量比例 4.87%）；马铃薯 217 315 公顷（全球排名 35/187，占全球产量比例 1.27%）；其他豆类 214 721 公顷（全球排名 21/141，占全球产量比例 3.42%）；小麦 133 147 公顷；生咖啡（豆）115 570 公顷；谷子 115 200 公顷。

（3）农作物加工品产量

2018 年肯尼亚主要农作物加工品产量：粗糖（离心糖）625 000 吨；大麦啤酒 500 000 吨；糖蜜 340 000 吨；人造黄油 315 742 吨；玉米油 16 445 吨；棉籽 4 000 吨；椰子油 3 412 吨；棉绒 1 929 吨；葵花籽油 1 800 吨；棉籽油 800 吨。

表 6－1　2018 年肯尼亚种植业生产情况

国内排名	初级品产量		初级品播种面积		加工品产量	
	产品	产量（吨）	产品	播种面积（公顷）	产品	产量（吨）
1	甘蔗	5 262 157	玉米	2 273 283	粗糖（离心糖）	625 000
2	玉米	4 013 777	干豆	1 177 173	大麦啤酒	500 000
3	马铃薯	1 870 375	干豇豆	259 235	糖蜜	340 000
4	香蕉	1 414 176	高粱	240 403	人造黄油	315 742
5	木薯	945 991	茶	236 200	玉米油	16 445
6	甘薯	871 010	马铃薯	217 315	棉籽	4 000
7	干豆	837 000	其他豆类	214 721	椰子油	3 412
8	杧果	676 377	小麦	133 147	棉绒	1 929
9	白菜	674 253	生咖啡（豆）	115 570	葵花籽油	1 800
10	其他新鲜蔬菜	670 000	谷子	115 200	棉籽油	800

数据来源：FAO 数据库。

① 全球排名 34/149，149 是指依据 FAO 统计数据源，2018 年共 149 个国家生产香蕉并提供了产量数据，各国产量由高到低排序，肯尼亚香蕉产量全球排名位于第 34 位，余同。

② 全球产量占比 1.22% 指依据 FAO 统计数据源，2018 年肯尼亚香蕉产量占全球总产量（世界各国向 FAO 提供香蕉产量数据之和）的比重为 1.22%，余同。

6.2.2 畜禽生产情况

依据2018年联合国粮食及农业组织（FAO）官方数据，统计分析肯尼亚畜禽生产情况，分别从畜禽存栏量、畜禽初级品产量、畜禽加工品产量不同维度对该国主要农产品生产规模（表6－2）及全球位次进行展示，情况如下。

（1）畜禽存栏量

2018年肯尼亚主要牲畜存栏量：山羊26 710 775只（全球排名25/216，占全球产量比例2.52%）；牛19 635 142头（全球排名43/224，占全球产量比例1.31%）；绵羊19 485 699只（全球排名43/209，占全球产量比例1.60%）；骆驼3 273 445匹（全球排名14/64，占全球产量比例9.27%）；兔763 000只；猪567 843头；马2 112匹。主要禽类存栏量：鸡52 219 000只。

（2）畜禽初级品产量

2018年肯尼亚主要畜禽初级品产量：全脂牛奶3 778 207吨；骆驼奶853 819吨（全球排名7/42，占全球产量比例30.73%）；牛肉417 261吨；山羊奶260 000吨；鸡肉131 683吨；禽肉131 683吨；鸡蛋91 065吨；绵羊奶86 388吨；牛杂碎80 114吨（全球排名47/195，占全球产量比例0.87%）；骆驼肉70 804吨（全球排名12/52，占全球产量比例11.64%）。

（3）畜禽加工品产量

2018年肯尼亚主要畜禽加工品产量：脱脂牛奶641 122吨；鲜奶油22 577吨；黄油（牛奶黄油）15 575吨；动物油脂12 119吨；干脱脂牛奶2 582吨；干全脂牛奶2 267吨；猪油1 254吨；炼乳943吨；全脂浓缩奶773吨；酥油（牛奶酥油）567吨。具体如表6－2所示。

表6－2　2018年肯尼亚畜禽生产情况

国内排名	活动物		初级品		加工品	
	产品	存栏量（头、只或匹）	产品	产量（吨）	产品	产量（吨）
1	鸡	52 219 000	全脂牛奶	3 778 207	脱脂奶	641 122
2	山羊	26 710 775	骆驼奶	853 819	鲜奶油	22 577
3	牛	19 635 142	牛肉	417 261	黄油（牛奶黄油）	15 575
4	绵羊	19 485 699	山羊奶	260 000	动物油脂	12 119
5	骆驼	3 273 445	鸡肉	131 683	干脱脂牛奶	2 582
6	兔	763 000	禽肉	131 683	干全脂牛奶	2 267
7	猪	567 843	鸡蛋	91 065	猪油	1 254
8	马	2 112	绵羊奶	86 388	炼乳	943
9			牛杂碎	80 114	全脂浓缩奶	773
10			骆驼肉	70 804	酥油（牛奶酥油）	567

数据来源：FAO数据库。

6.3 农产品贸易情况

依据2018年联合国商品贸易统计数据库（UN Comtrade）官方数据，序化组织农业单品种多元形态数据信息（《商品名称及编码协调制度的国际公约》HS国际贸易商品分类体系6位编码商品），例如，将马铃薯种用、非种用、粗粉、细粉、颗粒等进出口数据进行集成汇总与统计分析，分别从粮食作物及其制品、经济作物及其制品、畜禽农产品进出口额（量）不同维度展示肯尼亚主要农产品贸易情况，情况如下。

6.3.1 种植业农产品进出口情况

（1）粮食作物及其制品

2018年肯尼亚主要进口的粮食作物及其制品总进口额和总进口量：谷物类中进口的主要农产品为小麦及混合麦（454 343 213美元，1 856 308 491千克）、稻米（252 634 518美元，599 346 598千克）和玉米（135 834 455美元，569 649 627千克）；块根块茎类中进口的农产品为马铃薯（2 052 647美元，3 152 525千克）、木薯（1 561 299美元，7 714 345千克）和甘薯（196美元，28千克）；豆类中进口的主要农产品为豇豆（65 746 829美元，187 221 644千克）、豌豆（19 068 611美元，42 077 487千克）和干豆（5 857 791美元，17 876 472千克）。具体如图6－1所示。

2018年肯尼亚主要出口的粮食作物及其制品总出口额和总出口量：谷物类中出口的主要农产品为高粱（20 912 559美元，129 931 460千克）小麦及混合麦（18 868 937美元，135 945 167千克）和玉米（9 075 853美元，10 171 273千克）；块根块茎类中出口的农产品为马铃薯（1 324 534美元，2 615 799千克）、甘薯（35 495美元，26 573千克）和木薯（8 288美元，8 155千克）；豆类中出口的主要农产品为豇豆（49 106 979美元，25 144 553千克）、豆（37 855 992美元，34 552 566千克）和干豆（12 592 971美元，23 642 703千克）。具体如图6－2所示。

（2）经济作物及其制品

2018年肯尼亚主要进口的经济作物及其制品总进口额和总进口量：油料作物类中进口的主要农产品为棕榈（526 642 539美元，788 977 676千克）、大豆（21 689 142美元，40 994 629千克）和花生（14 855 077美元，16 514 434千克）；糖料作物类中进口的主要农产品为甘蔗（56 303 283美元，97 785 271千克）和甜菜（25 685美元，16 426千克）；水果类中进口的主要农产品为葡萄（34 711 476美元，17 926 513千克）、苹果（12 731 712美元，15 981 155千克）和橙子（9 566 318美元，39 786 937千克）。具体如图6－3所示。

- 粮食作物
  - 谷物
    - 小麦及混合麦
      - **小计：454 343 213**
      - 硬粒小麦，种用：167
      - 小麦及混合麦（硬粒小麦除外），非种用：423 518 856
      - 小麦粗粒、粗粉：3 034
      - 小麦淀粉：27 430
      - 面筋，不论是否干制：39 194
      - 碾碎的干小麦：2 160 090
      - 小麦加工过程中所产生的糠、麸及其他残渣，不论是否制成团粒：20 476 843
      - 小麦或混合麦的细粉：8 117 599
    - 稻米
      - **小计：252 634 518**
      - 稻谷（带壳）：2 228
      - 碎米：6 951 432
      - 糙米：86 929
      - 精米，不论是否抛光：245 593 929
    - 玉米
      - **小计：135 834 455**
      - 甜玉米，冷冻的（不论是否蒸煮）：36 751
      - 玉米粗粒、粗粉：110 158
      - 玉米，经其他加工的（例如，去壳、制成粒状、切片或粗磨）：133 815
      - 玉米淀粉：9 003 471
      - 玉米油及其分离品，初榨的、不论是否精制，但未经化学改性：4 956 265
      - 玉米油及其分离品，非初榨的，不论是否精制，但未经化学改性：204 789
      - 甜玉米，未冷冻，用醋或醋酸以外的其他方法制作或保藏的：132 359
      - 玉米加工过程中所产生的糠、麸及其他残渣，不论是否制成团粒：280 004
      - 玉米，种用：86 134 680
      - 玉米，非种用：32 419 409
      - 玉米细粉：2 422 754
  - 块根块茎
    - 马铃薯
      - **小计：2 052 647**
      - 马铃薯，新鲜或冷藏的，种用：300 990
      - 马铃薯，新鲜或冷藏的，非种用：206 147
      - 马铃薯，冷冻的（不论是否蒸煮）：24 801
      - 马铃薯的细粉、粗粉、粉末：934
      - 马铃薯的粉片：1 418
      - 马铃薯淀粉：19 714
      - 马铃薯，冷冻的，用醋或醋酸以外的其他方法制作或保藏的：1 403 169
      - 马铃薯，未冷冻，用醋或醋酸以外的其他方法制作或保藏的：95 474
    - 木薯
      - **小计：1 561 299**
      - 木薯，新鲜或干制的：1 468 054
      - 木薯淀粉：93 245
    - 甘薯
      - 甘薯，新鲜或干制的：196
  - 豆类作物
    - 豇豆
      - **小计：65 746 829**
      - 豇豆属及菜豆属，新鲜或冷藏的，不论是否脱荚：1 422 327
      - 豇豆属及菜豆属，冷冻的（不论是否蒸煮）：15 840
      - 其他脱荚豇豆属及菜豆属蔬菜，不论是否去皮或分瓣，干制的：64 308 662
    - 豌豆
      - **小计：19 068 611**
      - 豌豆，新鲜或冷藏的，不论是否脱荚：1 933
      - 豌豆，冷冻的（不论是否蒸煮）：43 074
      - 脱荚豌豆，不论是否去皮或分瓣，干制的：18 958 008
      - 豌豆，未冷冻，用醋或醋酸以外的其他方法制作或保藏的：65 596
    - 干豆
      - **小计：5 857 791**
      - 其他脱荚干制豆类蔬菜，不论是否去皮或分瓣：5 484 134
      - 豆类蔬菜的细粉、粗粉、粉末，干制的：373 657

图6-1　2018年肯尼亚主要进口粮食作物及其制品进口额（单位：美元）

（数据来源：UN Comtrade 数据库）

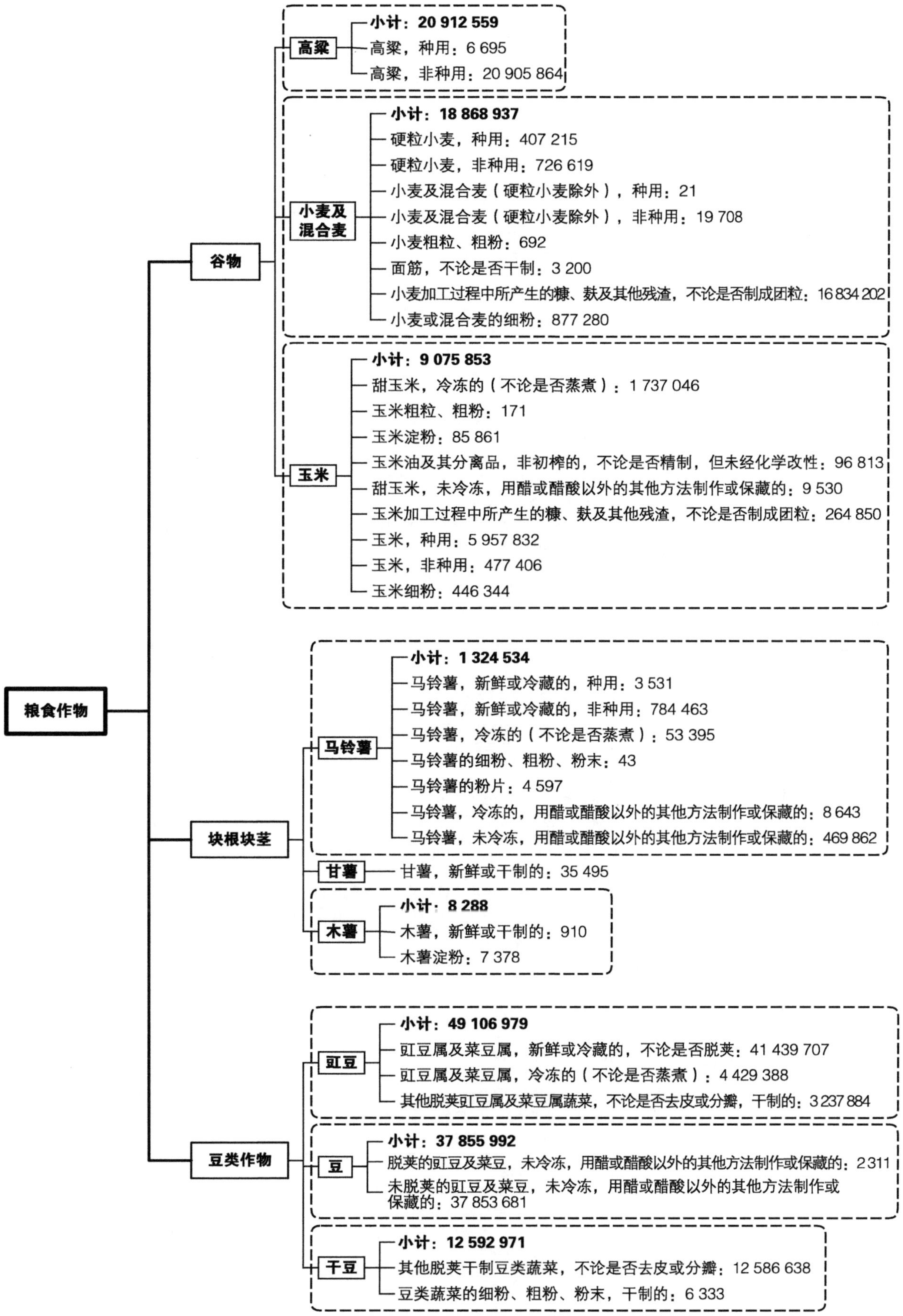

图 6－2　2018 年肯尼亚主要出口粮食作物及其制品出口额（单位：美元）

（数据来源：UN Comtrade 数据库）

- 经济作物
  - 油料作物
    - 棕榈
      - **小计：526 642 539**
      - 棕榈油及其分离品、不论是否精制，但未经化学改性，初榨的：431 133 396
      - 棕榈油及其分离品，不论是否精制，但未经化学改性，非初榨的：74 288 404
      - 棕榈仁油或巴巴苏棕榈果油及其分离品，初榨的、不论是否精制，但未经化学改性：21 219 259
      - 棕榈仁油或巴巴苏棕榈果油及其分离品，非初榨的、不论是否精制，但未经化学改性：462
      - 棕榈芯，用其他方法制作或保藏的，不论是否加酒、加糖或其他甜物质：1 018
    - 大豆
      - **小计：21 689 142**
      - 大豆，种用：306
      - 大豆粉：16 319
      - 其他含油子仁及果实的细粉及粗粉，但芥子粉除外：366
      - 豆油及其分离品，不论是否精制，但未经化学改性，初榨的、不论是否脱胶：986 333
      - 豆油及其分离品，不论是否精制，但未经化学改性，非初榨的，不论是否脱胶：2 165 687
      - 酱油：735 453
      - 油渣饼及其他固体残渣，提炼豆油所得的，不论是否碾磨或制成团粒：17 784 678
    - 花生
      - **小计：14 855 077**
      - 花生，种用：2 798 905
      - 花生，非种用，未焙炒或未烹煮的，去壳，不论是否被破碎：3 012 381
  - 糖料作物
    - 甘蔗与甜菜
      - **小计：89 166 181**
      - 固体甘蔗糖、甜菜糖及化学纯蔗糖，加有香料或着色剂：777 244
      - 固体甘蔗糖、甜菜糖及化学纯蔗糖，未加有香料或着色剂：88 688 937
    - 甘蔗
      - **小计：56 303 283**
      - 非离心甘蔗糖，固体的，未加香料或着色剂的：40 702 341
      - 其他甘蔗原糖，固体的，未加香料或着色剂的：14 879 640
      - 其他糖蜜，非甘蔗糖蜜：21 996
      - 朗姆酒及其他甘蔗蒸馏酒：699 306
    - 甜菜
      - **小计：25 685**
      - 色拉甜菜根、婆罗门参、块根芹、小萝卜及类似的食用根茎，新鲜或冷藏的：500
      - 甜菜籽，种用：411
      - 芜菁甘蓝、饲料甜菜、饲料用根、干草、三叶草、驴喜豆、饲料羽衣甘蓝、羽扇豆、巢菜及类似饲料，不论是否制成团粒：22 804
      - 甜菜原糖，固体的，未加香料或着色剂的：1 970
  - 水果
    - 葡萄
      - **小计：34 711 476**
      - 葡萄汁，包括酿酒葡萄汁，糖度值不超过30度的，未发酵及未加酒精的，不论是否加糖或其他甜物质：21 855
      - 葡萄汁，包括酿酒葡萄汁，糖度值超过30度的，未发酵及未加酒精的，不论是否加糖或其他甜物质：348 230
      - 其他鲜葡萄酿造的酒、加酒精抑制发酵的酿酒葡萄汁，装入超过10升容器的：4 564 428
      - 其他酿酒葡萄汁：5 763
      - 味美思酒及其他加植物或香料的用鲜葡萄酿造的酒，装入2升及以下容器的：254 066
      - 其他发酵饮料（例如，苹果酒、梨酒、清酒、黄酒）；其他税目未列名的发酵饮料的混合物及发酵饮料与无酒精饮料的混合物：3 933 954
      - 蒸馏葡萄酒制得的烈性酒：2 934 112
      - 葡萄，新鲜的：3 507 332
      - 葡萄，干制的：285 638
      - 汽泡酒，鲜葡萄酿造的，包括加酒精的：24 49 195
      - 其他鲜葡萄酿造的酒、加酒精抑制发酵的酿酒葡萄汁，装入2升及以下容器的：16 406 903
    - 苹果
      - **小计：12 731 712**
      - 苹果，干制的：3242
      - 苹果汁，糖度值不超过20度的，未发酵及未加酒精的，不论是否加糖或其他甜物质：16 226
      - 苹果汁，糖度值超过20度的、未发酵及未加酒精的，不论是否加糖或其他甜物质：528 582
      - 苹果，新鲜的：12183662
    - 橙子
      - **小计：9 566 318**
      - 柠檬及酸橙，新鲜或干制的：709 874
      - 橙汁，冷冻的，未发酵及未加酒精的，不论是否加糖或其他甜物质：166 003
      - 橙汁，非冷冻的，糖度值不超过20度的、未发酵及未加酒精的，不论是否加糖或其他甜物质：45 805
      - 橙汁，非冷冻的，糖度值超过20度的，未发酵及未加酒精的，不论是否加糖或其他甜物质：942 753
      - 橙，新鲜或干制的：7 701 883

图6－3　2018年肯尼亚主要进口经济作物及其制品进口额（单位：美元）

（数据来源：UN Comtrade 数据库）

2018 年肯尼亚主要出口的经济作物及其制品总出口额和总出口量：水果类中出口的主要农产品为牛油果（118 303 341 美元，71 877 494 千克）、菠萝（61 084 392 美元，45 558 866 千克）和水果制品（5 220 267 美元，5 499 620 千克）；坚果作物类中出口的主要农产品为夏威夷果（87 586 931 美元，6 435 028 千克）、腰果（905 224 美元，106 893 千克）和甜核桃（2 470 美元，757 千克）；饮料作物类中出口的主要农产品为茶（1 392 201 616 美元，503 229 754 千克）、咖啡（231 870 523 美元，46 465 983 千克）和可可（26 670 755 美元，337 653 千克）。具体如图 6－4 所示。

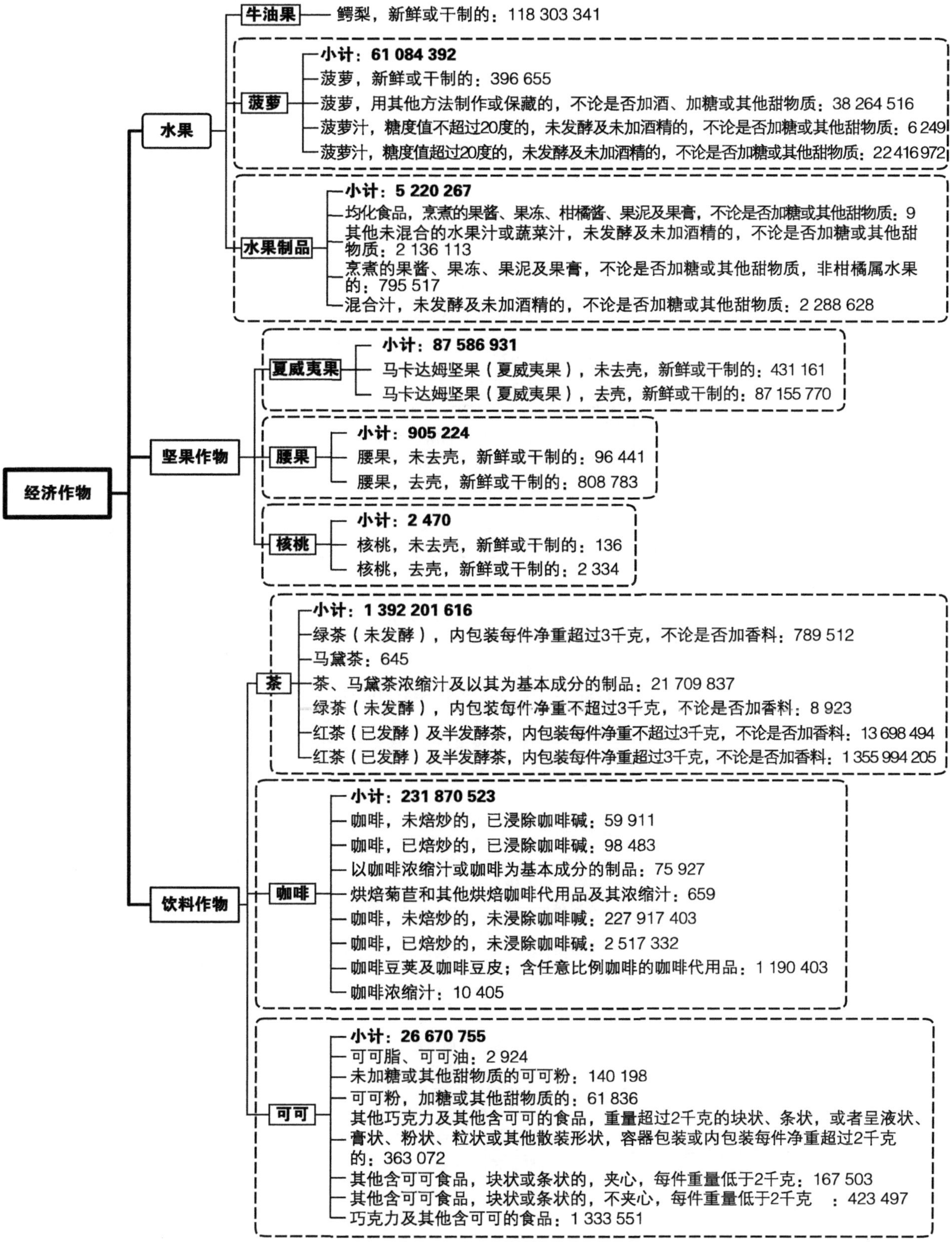

图 6－4　2018 年肯尼亚主要出口经济作物及其制品出口额（单位：美元）

（数据来源：UN Comtrade 数据库）

6.3.2 畜禽农产品进出口情况

2018年肯尼亚主要进口的畜禽农产品总进口额和总进口量数据如下：家禽类主要进口产品包括鸡（6 475 779美元，1 794 546千克）、火鸡（119 181美元，14 409千克）和鸭（6 871美元，337千克）；家畜类主要进口产品包括猪（2 714 865美元，875 809千克）、牛（2 312 936美元，1 090 235千克）和山羊（903 185美元，465 406千克）；特种经济动物类主要进口产品包括蜂产品（46 124 368美元，13 079 681千克）。具体如图6－5所示。

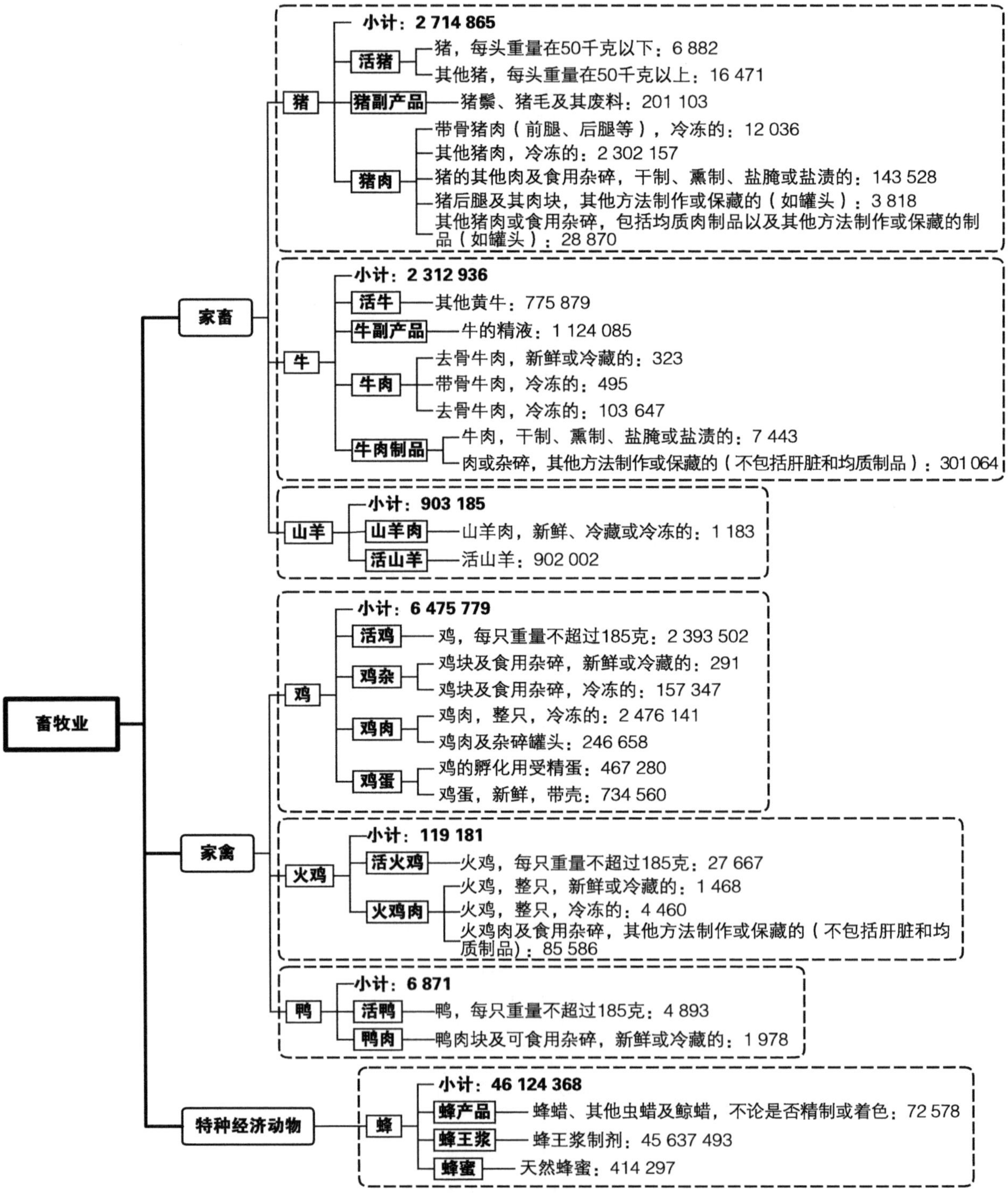

图6－5 2018年肯尼亚主要进口畜禽产品进口额（单位：美元）

（数据来源：UN Comtrade数据库）

2018年肯尼亚主要出口的畜禽农产品出口额和出口量：家禽类主要出口产品包括鸡（604 661美元，69 001千克）、火鸡（29 810美元，4 485千克）和鸭（363美元，70千克）；家畜类主要出口产品包括山羊（32 933 773美元，6 038 281千克）、牛（6 960 804美元，1 964 806千克）和猪（4 041 626美元，836 980千克）；特种经济动物类主要出口产品包括蜂产品（44 978 803美元，15 926 442千克）。具体如图6－6所示。

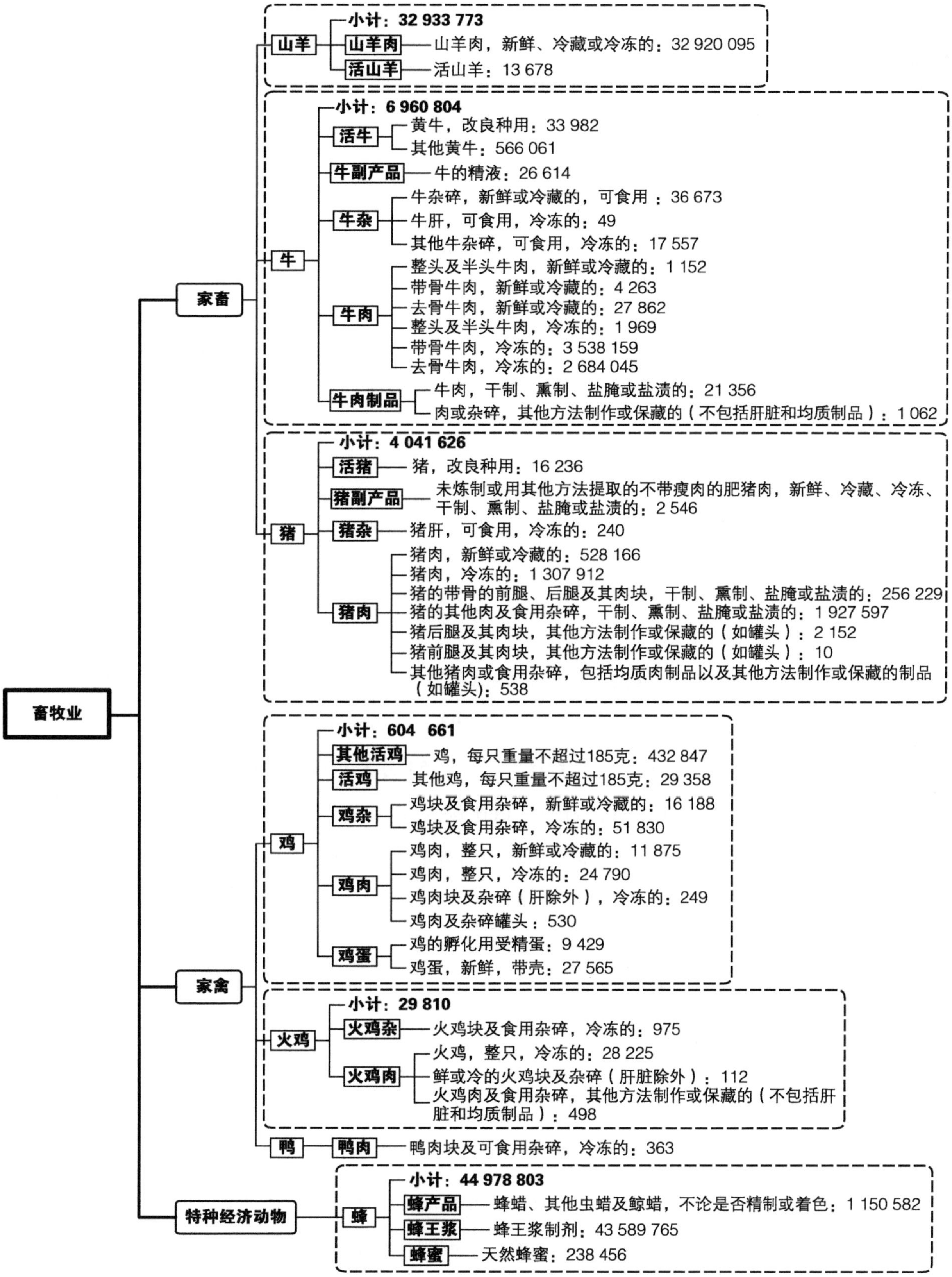

图6－6　2018年肯尼亚主要出口畜禽产品出口额（单位：美元）

（数据来源：UN Comtrade数据库）

7 莫桑比克

7.1 国家基础数据

莫桑比克位于非洲东南部，南邻南非，西界津巴布韦、赞比亚、马拉维，北接坦桑尼亚，东濒印度洋，隔莫桑比克海峡与马达加斯加相望。国土面积79.93万平方千米，其中农业用地面积49.95万平方千米，年均降水量1 032毫米。莫桑比克人口数量为3 125.54万人，其中农村人口为1 927.39万人，占总人口的比例为63.47%，农业就业人员占就业人口比例的69.91%。莫桑比克国民生产总值（GDP）为147.17亿美元，农业增加值占GDP的25%，农业增加值年增长率为1.19%。

7.2 农产品生产情况

7.2.1 种植业生产情况

依据2018年联合国粮食及农业组织（FAO）官方数据，统计分析莫桑比克种植业产品生产情况，分别从农作物初级品产量、农作物初级品播种面积、农作物加工品产量不同维度对莫桑比克主要农产品生产规模（表7－1）及全球位次等进行展示，情况如下。

(1) 农作物初级品产量

2018 年莫桑比克主要农作物初级品产量：木薯 4 139 120 吨；甘蔗 3 650 000 吨；玉米 2 496 000 吨；香蕉 706 030 吨；番茄 625 603 吨；稻米 413 000 吨；甘薯 400 000 吨；马铃薯 320 595 吨；高粱 295 000 吨；椰子 238 305 吨。

(2) 农作物初级品播种面积

2018 年莫桑比克主要农作物初级品播种面积：玉米 3 087 945 公顷（全球排名 31/197①，占全球产量比例 1.57%②）；稻米 869 572 公顷（全球排名 36/146，占全球产量比例 0.53%）；木薯 728 240 公顷（全球排名 22/115，占全球产量比例 2.72%）；高粱 639 346 公顷（全球排名 29/140，占全球产量比例 1.51%）；花生（带壳）400 000 公顷（全球排名 33/134，占全球产量比例 1.35%）；干豇豆 331 571 公顷（全球排名 13/59，占全球产量比例 2.30%）；其他豆类 324 569 公顷（全球排名 15/141，占全球产量比例 5.17%）；蓖麻籽 218 521 公顷（全球排名 9/53，占全球产量比例 17.97%）；芝麻籽 140 000 公顷；腰果 139 697 公顷。

(3) 农作物加工品产量

2018 年莫桑比克主要农作物加工品产量：粗糖（离心糖）430 000 吨；大麦啤酒 340 000 吨；糖蜜 121 273 吨；棉籽 40 000 吨；椰子油 30 200 吨；玉米油 18 151 吨；棉绒 18 000 吨；花生油 7 342 吨；棉籽油 4 600 吨；葵花籽油 4 200 吨。

表 7-1 2018 年莫桑比克种植业生产情况

国内排名	初级品产量		初级品播种面积		加工品	
	产品	产量（吨）	产品	播种面积	产品	产量（吨）
1	木薯	4 139 120	玉米	3 087 945	粗糖（离心糖）	430 000
2	甘蔗	3 650 000	稻米	869 572	大麦啤酒	340 000
3	玉米	2 496 000	木薯	728 240	糖蜜	121 273
4	香蕉	706 030	高粱	639 346	棉籽	40 000
5	番茄	625 603	花生（带壳）	400 000	椰子油	30 200
6	稻米	413 000	干豇豆	331 571	玉米油	18 151
7	甘薯	400 000	其他豆类	324 569	棉绒	18 000
8	马铃薯	320 595	蓖麻籽	218 521	花生油	7 342
9	高粱	295 000	芝麻籽	140 000	棉籽油	4 600
10	椰子	238 305	腰果	139 697	葵花籽油	4 200

数据来源：FAO 数据库。

① 全球排名 31/197，197 是指依据 FAO 统计数据源，2018 年共 197 个国家生产玉米并提供了产量数据，各国产量由高到低排序，莫桑比克玉米产量全球排名位于第 37 位，余同。

② 全球产量占比 1.57% 指依据 FAO 统计数据源，2018 年莫桑比克玉米产量占全球总产量（世界各国向 FAO 提供玉米产量数据之和）的比重为 1.57%，余同。

7.2.2 畜禽生产情况

依据 2018 年联合国粮食及农业组织（FAO）官方数据，统计分析莫桑比克畜禽生产情况，分别从畜禽存栏量、畜禽初级品产量、畜禽加工品产量不同维度对该国主要农产品生产规模（表 7－2）及全球位次进行展示，情况如下。

（1）畜禽存栏量

2018 年莫桑比克主要牲畜存栏量：山羊 3 840 658 只；牛 2 020 189 头；猪 1 637 074 头；兔 111 000 只；绵羊 87 000 只；驴 49 598 头。主要禽类存栏量：鸡 18 831 000 只；鹅 15 863 000 只（全球排名 9/71，占全球产量比例 4.42%）；鸭 2 511 000 只；火鸡 174 000 只。

（2）畜禽初级品产量

2018 年莫桑比克主要畜禽初级品产量：全脂牛奶 818 176 吨；禽肉 101 345 吨；猪肉 99 325 吨；鸡肉 97 982 吨；鸡蛋 50 000 吨；山羊奶 20 158 吨；牛肉 13 884 吨；猪脂肪 5 959 吨；猪内脏，可食用 3 973 吨；鸭肉 3 363 吨。

（3）畜禽加工品产量

2018 年莫桑比克主要畜禽加工品产量：奶酪 32 902 吨。

表 7－2　2018 年莫桑比克畜禽生产情况

国内排名	活动物		初级品		加工品	
	产品	存栏量	产品	产量（吨）	产品	产量（吨）
1	鸡	18 831 000	全脂牛奶	818 176	奶酪	32 902
2	鹅	15 863 000	禽肉	101 345		
3	山羊	3 840 658	猪肉	99 325		
4	鸭	2 511 000	鸡肉	97 982		
5	牛	2 020 189	鸡蛋	50 000		
6	猪	1 637 074	山羊奶	20 158		
7	火鸡	174 000	牛肉	13 884		
8	兔	111 000	猪脂肪	5 959		
9	绵羊	87 000	猪内脏（可食用）	3 973		
10	驴	49 598	鸭肉	3 363		

数据来源：FAO 数据库。

7.3 农产品贸易情况

依据2018年联合国商品贸易统计数据库（UN Comtrade）官方数据，序化组织农业单品种多元形态数据信息（《商品名称及编码协调制度的国际公约》HS国际贸易商品分类体系6位编码商品），例如，将马铃薯种用、非种用、粗粉、细粉、颗粒等进出口数据进行集成汇总与统计分析，分别从粮食作物及其制品、经济作物及其制品、畜禽农产品进出口额（量）不同维度展示莫桑比克主要农产品贸易情况，情况如下。

7.3.1 种植业农产品进出口情况

（1）粮食作物及其制品

2018年莫桑比亚主要进口的粮食作物及其制品总进口额和总进口量：谷物类中进口的主要农产品为稻米（221 176 600美元，3 276 302千克）、小麦及混合麦（68 237 888美元，258 079 112千克）和玉米（57 466 706美元，10 408 387千克）；块根块茎类中进口的农产品为马铃薯（22 548 927美元，9 403 546千克）、甘薯（13 505美元，13 505千克）和木薯（20 050美元，12 461千克）；豆类中进口的主要农产品为豌豆（540 875美元，1 081 155千克）和豇豆（197 581美元，111 757千克）。具体如图7－1所示。

2018年莫桑比亚主要出口的粮食作物及其制品总出口额和总出口量：谷物类中出口的主要农产品为小麦及混合麦（5 164 971美元，23 017 350千克）、稻米（3 039 261美元，6 360 489千克）和玉米（1 271 613美元，44 982 201千克）；块根块茎类中出口的农产品为马铃薯（2 769美元，1 459千克）和木薯（17美元，1 000千克）；豆类中出口的主要农产品为干豆（7 404 071美元，24 220 630千克）、芸豆（2 485 455美元）和红小豆（952 181美元，7 631 050千克）。具体如图7－2所示。

（2）经济作物及其制品

2018年莫桑比亚主要进口的经济作物及其制品总进口额和总进口量：油料作物类中进口的主要农产品为棕榈（86 792 620美元，106 229 070千克）、大豆（47 962 619美元，65 668 763千克）、葵花与红花（23 555 900美元，19 321 027千克）；水果类中进口的主要农产品为葡萄（21 695 821美元，16 250 177千克）、水果制品（18 491 243美元，871 054千克）和苹果（2 582 512美元，1 058 666千克）；饮料作物类中进口的主要农产品为可可（8 926 685美元，1 356 682千克）、茶（4 552 600美元，976 387千克）和咖啡（3 227 291美元，445 073千克）。具体如图7－3所示。

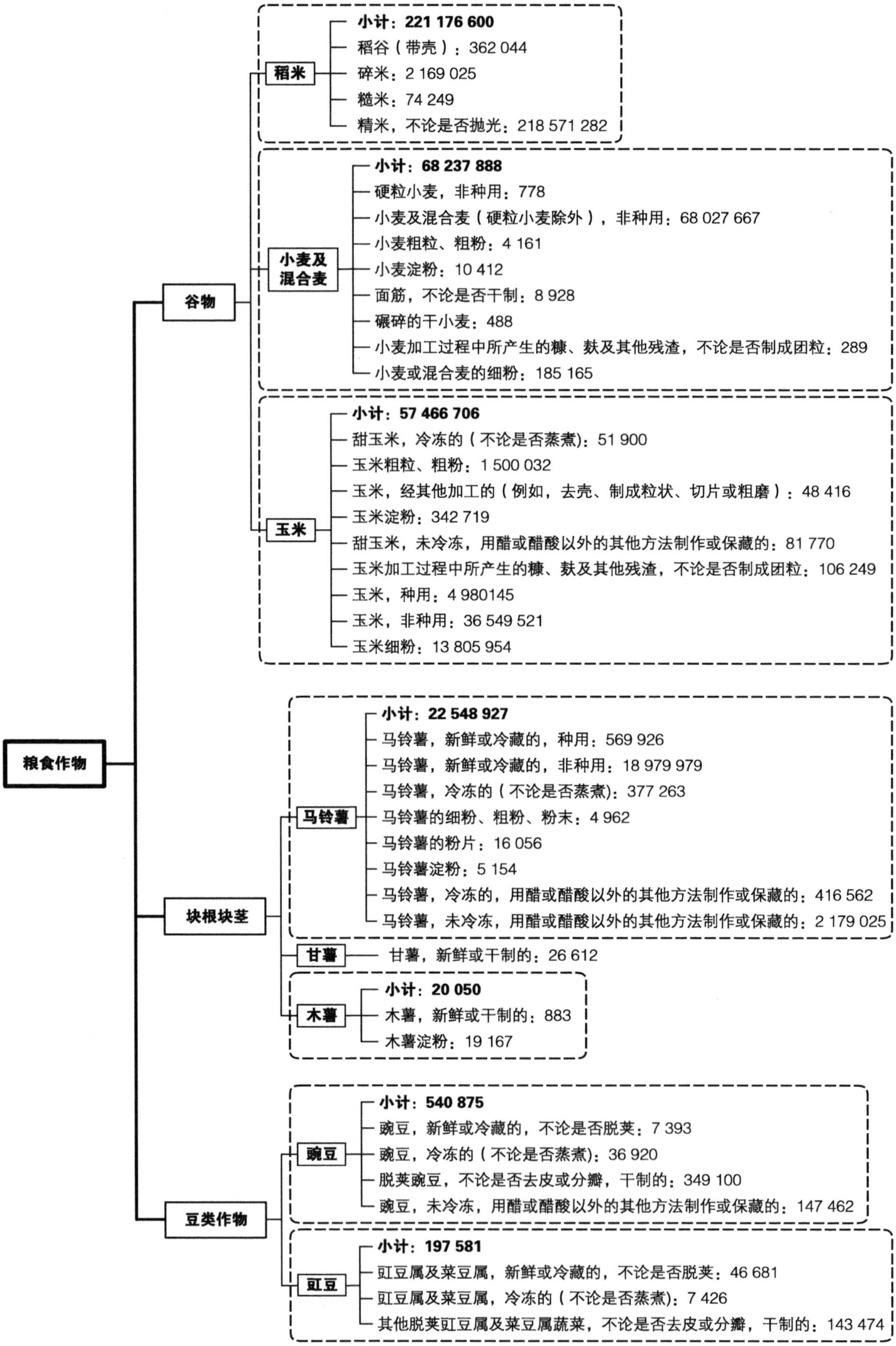

图7－1　2018年莫桑比克主要进口粮食作物及其制品进口额（单位：美元）

（数据来源：UN Comtrade 数据库）

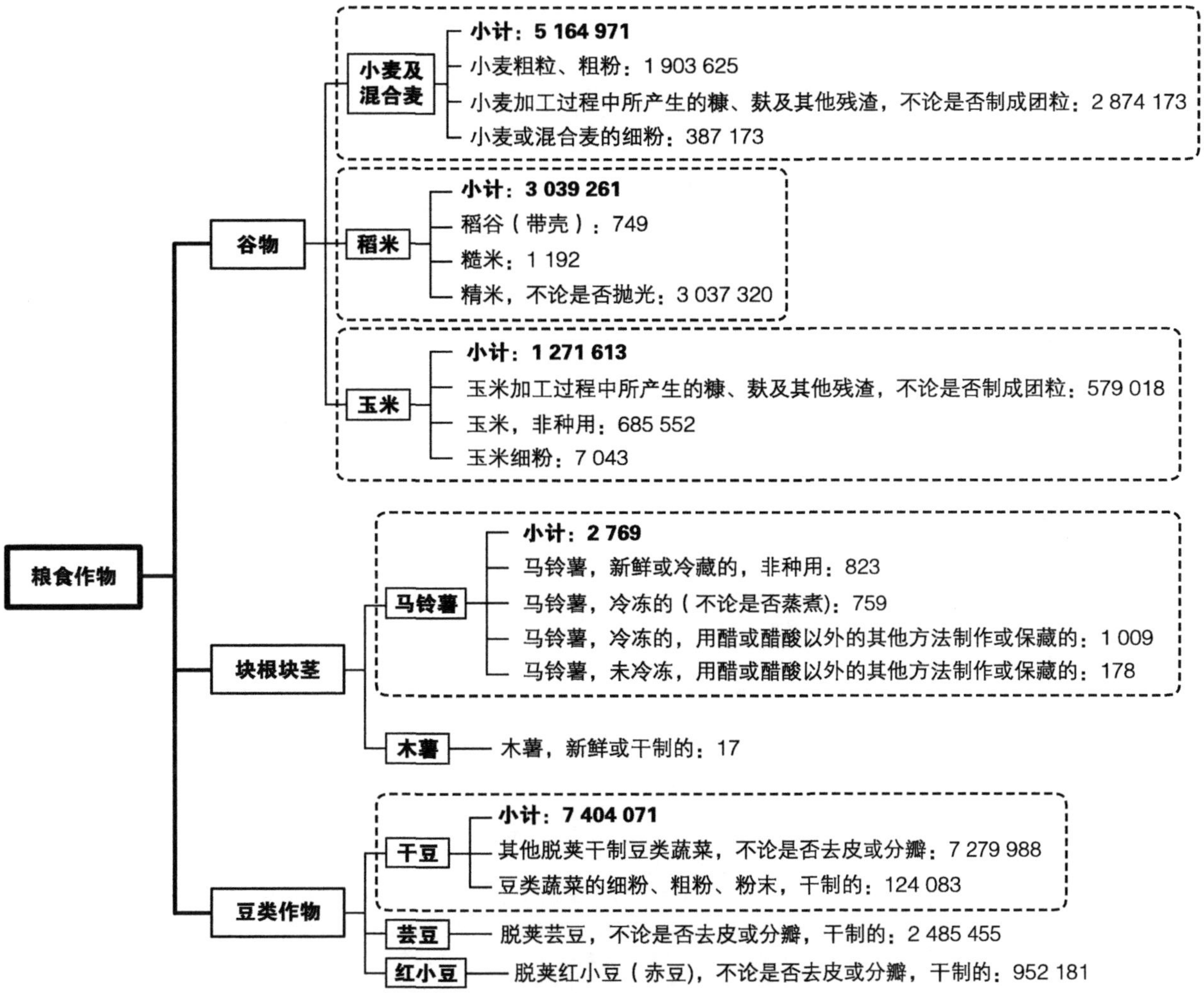

图 7－2　2018 年莫桑比克主要出口粮食作物及其制品出口额（单位：美元）

（数据来源：UN Comtrade 数据库）

2018 年莫桑比亚主要出口的经济作物及其制品总出口额和总出口量：水果类中出口的主要农产品为香蕉（29 548 530 美元，129 785 985 千克）、番木瓜（2 282 271 美元，2 077 076 千克）和牛油果（643 110 美元，709 018 千克）；油料作物类中出口的主要农产品为芝麻（19 978 513 美元）、葵花与红花（13 300 429 美元）和椰子（1 576 704 美元，2 397 604 千克）；糖料作物类中出口的主要农产品为甘蔗（61 031 805 美元，110 220 576 千克）和甜菜（10 667 美元，30 376 千克）。具体如图 7－4 所示。

7.3.2　畜禽农产品进出口情况

2018 年莫桑比亚主要进口的畜禽农产品总进口额和总进口量：家禽类主要进口产品包括鸡（22 793 241 美元，13 929 237 千克）、火鸡（2 868 783 美元，2 181 947 千克）和鹅（112 137 美元，113 424 千克）；家畜类主要进口产品包括牛（16 629 604 美元，5 785 539 千克）、猪（5 977 849 美元，2 720 119 千克）和绵羊（405 879 美元，109 867 千克）；特种经济动物类主要进口产品包括蜂产品（12 844 249 美元，3 995 080 146 千克）。具体如图 7－5 所示。

- **经济作物**
  - **油料作物**
    - **棕榈**
      - **小计：8 6792 620**
      - 棕榈果及棕榈仁，不论是否破碎：1
      - 棕榈油及其分离品、不论是否精制，但未经化学改性，初榨的：86 608 458
      - 棕榈油及其分离品，不论是否精制，但未经化学改性，非初榨的：177 443
      - 棕榈仁油或巴巴苏棕榈果油及其分离品，初榨的、不论是否精制，但未经化学改性：165
      - 棕榈仁油或巴巴苏棕榈果油及其分离品，非初榨的、不论是否精制，但未经化学改性：172
      - 棕榈芯，用其他方法制作或保藏的，不论是否加酒、加糖或其他甜物质：6 381
    - **大豆**
      - **小计：47 962 619**
      - 大豆，种用：240 314
      - 大豆，非种用，不论是否破碎：101 581
      - 大豆粉：383 825
      - 其他含油子仁及果实的细粉及粗粉，但芥子粉除外：435 073
      - 豆油及其分离品，不论是否精制，但未经化学改性，初榨的、不论是否脱胶：36 143 687
      - 豆油及其分离品，不论是否精制，但未经化学改性，非初榨的，不论是否脱胶：126 418
      - 酱油：50 639
      - 油渣饼及其他固体残渣，提炼豆油所得的，不论是否碾磨或制成团粒：1048 1082
    - **葵花&红花**
      - **小计：23 555 900**
      - 葵花油或红花油及其分离品，初榨的、不论是否精制，但未经化学改性：23 225 138
      - 葵花油或红花油及其分离品，非初榨的、不论是否精制，但未经化学改性：330 762
  - **水果**
    - **葡萄**
      - **小计：21 695 821**
      - 葡萄汁，包括酿酒葡萄汁，糖度值不超过30度的，未发酵及未加酒精的，不论是否加糖或其他甜物质：571 220
      - 葡萄汁，包括酿酒葡萄汁，糖度值超过30度的，未发酵及未加酒精的，不论是否加糖或其他甜物质：486 386
      - 其他鲜葡萄酿造的酒、加酒精抑制发酵的酿酒葡萄汁，装入2升以上但不超过10升容器的：305 739
      - 其他鲜葡萄酿造的酒、加酒精抑制发酵的酿酒葡萄汁，装入超过10升容器的：74 143
      - 其他酿酒葡萄汁：12 090
      - 味美思酒及其他加植物或香料的用鲜葡萄酿造的酒，装入2升及以下容器的：69 091
      - 味美思酒及其他加植物或香料的用鲜葡萄酿造的酒，装入2升以上容器的：8 804
      - 其他发酵饮料（例如，苹果酒、梨酒、清酒、黄酒）；其他税目未列名的发酵饮料的混合物及发酵饮料与无酒精饮料的混合物：8 003 505
      - 蒸馏葡萄酒制得的烈性酒：449 363
      - 葡萄，新鲜的：350 709
      - 葡萄，干制的：47 795
      - 汽泡酒，鲜葡萄酿造的，包括加酒精的：1 383 927
      - 其他鲜葡萄酿造的酒、加酒精抑制发酵的酿酒葡萄汁，装入2升及以下容器的：9 933 049
    - **水果制品**
      - **小计：18 491 243**
      - 均化食品，烹煮的果酱、果冻、柑橘酱、果泥及果膏，不论是否加糖或其他甜物质：210 186
      - 烹煮的果酱、果冻、果泥及果膏，不论是否加糖或其他甜物质，柑橘属水果的：5 752
      - 其他未混合的水果汁或蔬菜汁，未发酵及未加酒精的，不论是否加糖或其他甜物质：477 069
      - 烹煮的果酱、果冻、果泥及果膏，不论是否加糖或其他甜物质，非柑橘属水果的：669 005
      - 混合汁，未发酵及未加酒精的，不论是否加糖或其他甜物质：17 129 231
    - **苹果**
      - **小计：2 582 512**
      - 苹果，干制的：2 915
      - 苹果汁，糖度值不超过20度的，未发酵及未加酒精的，不论是否加糖或其他甜物质：827 196
      - 苹果汁，糖度值超过20度的、未发酵及未加酒精的，不论是否加糖或其他甜物质：96 103
      - 苹果，新鲜的：1 656 298
  - **饮料作物**
    - **可可**
      - **小计：8 926 685**
      - 可可荚、壳、皮及废料：143
      - 可可膏，未脱脂：39 989
      - 可可膏，全脱脂或部分脱脂：10 824
      - 可可脂、可可油：204
      - 未加糖或其他甜物质的可可粉：732 605
      - 可可粉，加糖或其他甜物质的：152 399
      - 其他巧克力及其他含可可的食品，每件重量超过2千克的块状、条状，或者呈液状、膏状、粉状、粒状或其他散装形状，容器包装或内包装每件净重超过2千克的：363 013
      - 其他含可可食品，块状或条状的，夹心，每件重量低于2千克：369 473
      - 其他含可可食品，块状或条状的，不夹心，每件重量低于2千克：1 435 007
      - 巧克力及其他含可可的食品：2 545 284
    - **茶**
      - **小计：4 552 600**
      - 绿茶（未发酵），内包装每件净重超过3千克，不论是否加香料：109 265
      - 马黛茶：19 089
      - 茶、马黛茶浓缩汁及以其为基本成分的制品：141 118
      - 绿茶（未发酵），内包装每件净重不超过3千克，不论是否加香料：314 020
      - 红茶（已发酵）及半发酵茶，内包装每件净重不超过3千克，不论是否加香料：3 789 133
      - 红茶（已发酵）及半发酵茶　内包装每件净重超过3千克　不论是否加香料：179 975
    - **咖啡**
      - **小计：3 227 291**
      - 咖啡，未焙炒的，已浸除咖啡碱：8 335
      - 咖啡，已焙炒的，已浸除咖啡碱：103 130
      - 以咖啡浓缩汁或咖啡为基本成分的制品：559 672
      - 烘焙菊苣和其他烘焙咖啡代用品及其浓缩汁：130 014
      - 咖啡，未焙炒的，未浸除咖啡碱：149 370
      - 咖啡，已焙炒的，未浸除咖啡碱：1 208 740
      - 咖啡豆荚及咖啡豆皮；含任意比例咖啡的咖啡代用品：188 537
      - 咖啡浓缩汁：879 493

图7－3　2018年莫桑比克主要进口经济作物及其制品进口额（单位：美元）

（数据来源：UN Comtrade数据库）

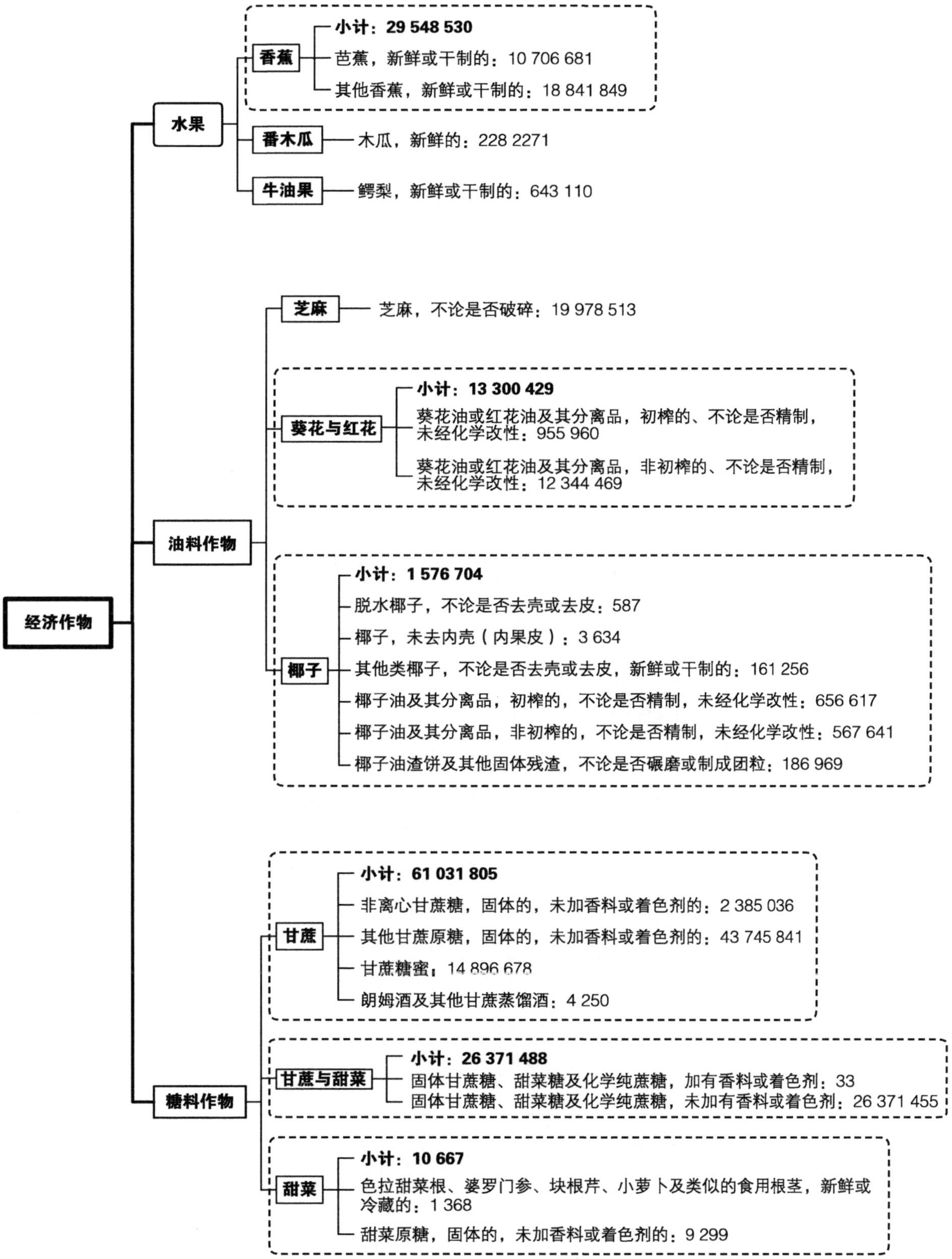

图 7－4　2018 年莫桑比克主要出口经济作物及其制品出口额（单位：美元）

（数据来源：UN Comtrade 数据库）

2018 年莫桑比亚主要出口的畜禽农产品出口额和出口量：家禽类主要出口产品包括鸡（5 983 美元，1 857 千克）、鹅（3 400 美元，1 230 千克）和火鸡（1 444 美元，445 千克）；家畜类主要出口产品包括牛（9 813 美元，1 166 千克）、猪（5 337 美元，850 千克）和绵羊（2 335 美元，150 千克）；特种经济动物类主要出口产品包括蜂产品（100 300 美元，16 643 千克）。具体如图 7－6 所示。

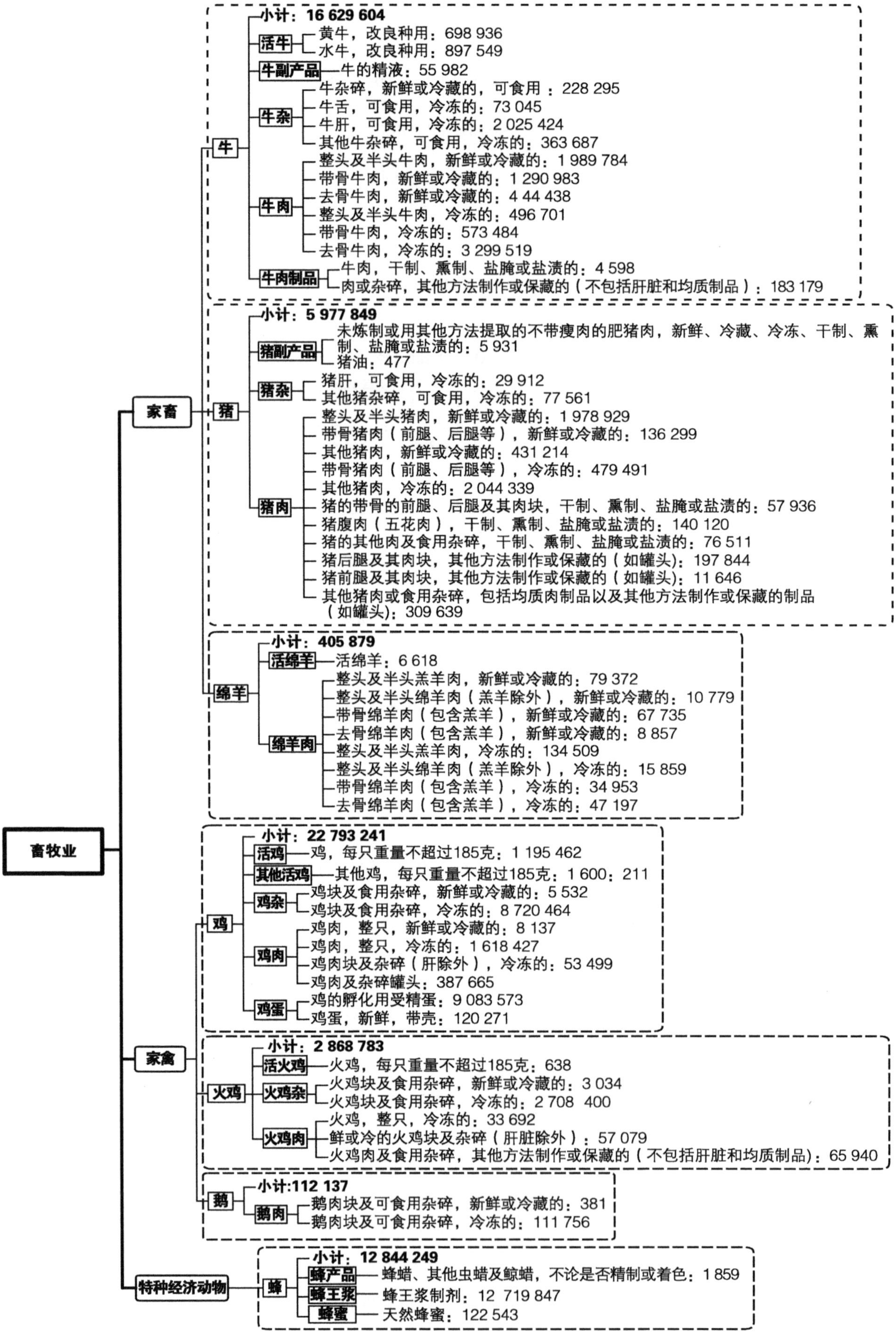

图7－5　2018年莫桑比克主要进口畜禽产品进口额（单位：美元）

（数据来源：UN Comtrade 数据库）

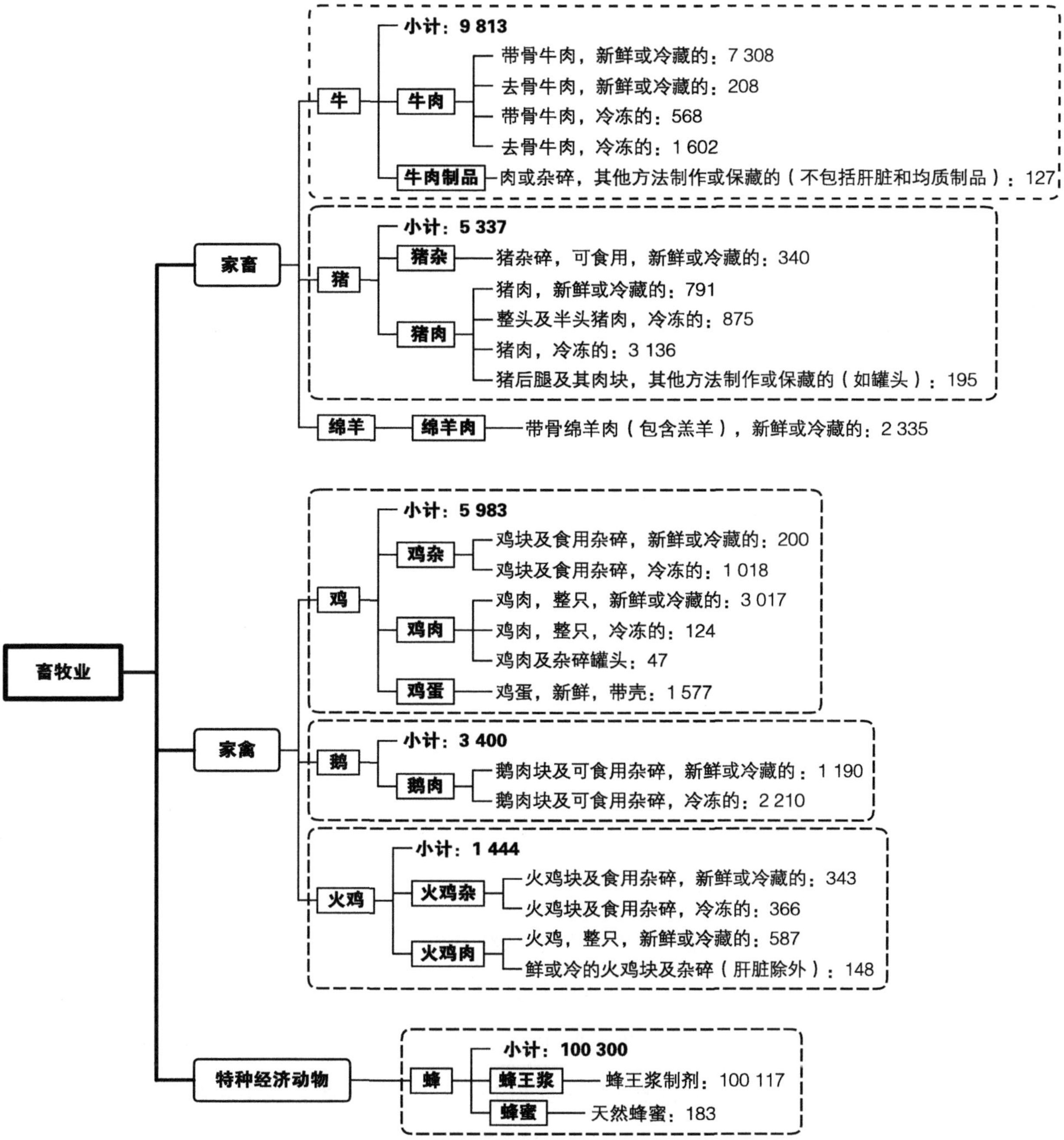

图 7-6　2018 年莫桑比克主要出口畜禽产品出口额（单位：美元）

（数据来源：UN Comtrade 数据库）

8 南　非

8.1 国家基础数据

南非位于非洲大陆最南端，位于南纬 22°～35°、东经 17°～33°，南非北面接壤纳米比亚、博茨瓦纳和津巴布韦，东北毗邻莫桑比克和斯威士兰。莱索托是南非国中国，被南非领土所包围。位于开普敦东南 1 920 千米大西洋上的爱德华王子岛及马里昂岛亦为南非领土。南非东、南、西三面濒临印度洋和大西洋，扼两大洋交通要冲，地理位置十分重要。国土面积 121.9 万平方千米，其中农业用地面积 96.84 万平方千米，年均降水量 495 毫米。南非人口数量为 5 930.87 万人，其中农村人口为 1 940.85 万人，占总人口的比例为 33.14%，农业就业人员占就业人口比例的 4.99%。南非国民生产总值（GDP）为 3 682.89 亿美元，农业增加值占 GDP 的 2%，农业增加值年增长率为 -6.89%。

8.2 农产品生产情况

8.2.1 种植业生产情况

依据 2018 年联合国粮食及农业组织（FAO）官方数据，统计分析南非种植业产品生产情况，分别从农作物初级品产量、农作物初级品播种面积、农作物加工品产量不同维度对南非主要农产品生产规模

（表 8－1）及全球位次等进行展示，情况如下。

（1）农作物初级品产量

2018 年南非主要农作物初级品产量：甘蔗 19 301 688 吨；玉米 12 510 000 吨（全球排名 34/198①，占全球产量比例 1.11%②）；马铃薯 2 467 724 吨；葡萄 1 901 736 吨；小麦 1 868 000 吨；橘子 1 775 760 吨（全球排名 29/148，占全球产量比例 2.36%）；大豆 1 540 000 吨（全球排名 26/126，占全球产量比例 0.45%）；葵花籽 862 000 吨；苹果 829 636 吨；成熟洋葱 726 841 吨。

（2）农作物初级品播种面积

2018 年南非主要农作物初级品播种面积：玉米 2 318 850 公顷（全球排名 40/197，占全球产量比例 1.18%）；大豆 787 200 公顷（全球排名 29/127，占全球产量比例 0.63%）；葵花籽 601 500 公顷；小麦 503 350 公顷；甘蔗 274 355 公顷；大麦 119 000 公顷；葡萄 111 332 公顷；油菜籽 77 000 公顷；马铃薯 67 746 公顷；花生，带壳 56 300 公顷。

（3）农作物加工品产量

2018 年南非主要农作物加工品产量：大麦啤酒 3 135 000 吨（全球排名 32/191，占全球产量比例 1.68%）；粗糖（离心糖）2 314 000 吨；葡萄酒 950 300 吨（全球排名 23/99，占全球产量比例 3.27%）；糖蜜 900 000 吨（全球排名 37/154，占全球产量比例 1.41%）；葵花籽油 296 500 吨；大豆油 185 000 吨；棉籽 84 000 吨；玉米油 83 700 吨（全球排名 17/80，占全球产量比例 2.52%）；油菜籽油 41 900 吨；棉绒 28 799 吨。

表 8－1　2018 年南非种植业生产情况

国内排名	初级品产量		初级品播种面积		加工品产量	
	产品	产量（吨）	产品	播种面积（公顷）	产品	产量（吨）
1	甘蔗	19 301 688	玉米	2 318 850	大麦啤酒	3 135 000
2	玉米	12 510 000	大豆	787 200	粗糖（离心糖）	2 314 000
3	马铃薯	2 467 724	葵花籽	601 500	葡萄酒	950 300
4	葡萄	1 901 736	小麦	503 350	糖蜜	900 000
5	小麦	1 868 000	甘蔗	274 355	葵花籽油	296 500
6	橘子	1 775 760	大麦	119 000	大豆油	185 000
7	大豆	1 540 000	葡萄	111 332	棉籽	84 000
8	葵花籽	862 000	油菜籽	77 000	玉米油	83 700
9	苹果	829 636	马铃薯	67 746	油菜籽油	41 900
10	成熟洋葱	726 841	花生（带壳）	56 300	棉绒	28 799

数据来源：FAO 数据库。

① 全球排名 34/198，198 是指依据 FAO 统计数据源，2018 年共 198 个国家生产玉米并提供了产量数据，各国产量由高到低排序，南非玉米产量全球排名位于第 34 位，余同。

② 全球产量占比 1.11% 指依据 FAO 统计数据源，2018 年南非玉米产量占全球总产量（世界各国向 FAO 提供玉米产量数据之和）的比重为 1.11%，余同。

8.2.2 畜禽生产情况

依据2018年联合国粮食及农业组织（FAO）官方数据，统计分析南非畜禽生产情况，分别从畜禽存栏量、畜禽初级品产量、畜禽加工品产量不同维度对该国主要农产品生产规模（表8－2）及全球位次进行展示，情况如下。

（1）畜禽存栏量

2018年南非主要牲畜存栏量：绵羊22 500 072只（全球排名40/209，占全球产量比例1.85%）；牛12 789 515头；山羊5 404 600只；猪1 453 612头；马326 755匹；驴146 930头；骡15 299头。主要禽类存栏量：鸡172 396 000只；火鸡540 000只；鸭411 000只；鹅142 000只。

（2）畜禽初级品产量

2018年南非主要畜禽初级品产量：全脂牛奶3 752 610吨；禽肉1 761 847吨（全球排名36/226，占全球产量比例1.37%）；鸡肉1 754 562吨（全球排名35/226，占全球产量比例1.53%）；牛肉1 003 214吨（全球排名41/224，占全球产量比例1.49%）；鸡蛋453 588吨（全球排名47/197，占全球产量比例0.57%）；牛杂碎291 844吨（全球排名29/195，占全球产量比例3.16%）；猪肉265 351吨；绵羊肉150 919吨（全球排名42/211，占全球产量比例1.54%）；牛皮，新鲜125 858吨（全球排名38/195，占全球产量比例1.49%）；野味56 852吨。

（3）畜禽加工品产量

2018年南非主要畜禽加工品产量：脱脂牛奶321 212吨；炼乳54 030吨；奶酪（全脂牛奶奶酪）53 949吨；奶酪53 949吨；全脂淡奶24 872吨；全脂浓缩奶21 674吨；干全脂牛奶19 590吨；牛乳16 148吨；动物油脂10 420吨；浓缩脱脂牛奶7 484吨。

表8－2 2018年南非畜禽生产情况

国内排名	活动物		初级品		加工品	
	产品	存栏量（头、只或匹）	产品	产量（吨）	产品	产量（吨）
1	鸡	172 396 000	全脂牛奶	3 752 610	脱脂牛奶	321 212
2	绵羊	22 500 072	禽肉	1 761 847	炼乳	54 030
3	牛	12 789 515	鸡肉	1 754 562	奶酪（全脂牛奶奶酪）	53 949
4	山羊	5 404 600	牛肉	1 003 214	奶酪	53 949
5	猪	1 453 612	鸡蛋	453 588	全脂淡奶	24 872
6	火鸡	540 000	牛杂碎	291 844	全脂浓缩奶	21 674
7	鸭	411 000	猪肉	265 351	干全脂牛奶	19 590
8	马	326 755	绵羊肉	150 919	牛乳	16 148

（续表）

国内排名	活动物		初级品		加工品	
	产品	存栏量（头、只或匹）	产品	产量（吨）	产品	产量（吨）
9	驴	146 930	牛皮（新鲜）	125 858	动物油脂	10 420
10	鹅	142 000	野味	56 852	浓缩脱脂牛奶	7 484
11	骡	15 299				

数据来源：FAO 数据库。

8.3 农产品贸易情况

依据2018 年联合国商品贸易统计数据库（UN Comtrade）官方数据，序化组织农业单品种多元形态数据信息（《商品名称及编码协调制度的国际公约》HS 国际贸易商品分类体系6 位编码商品），例如，将马铃薯种用、非种用、粗粉、细粉、颗粒等进出口数据进行集成汇总与统计分析，分别从粮食作物及其制品、经济作物及其制品、畜禽农产品进出口额（量）不同维度展示南非主要农产品贸易情况，情况如下。

8.3.1 种植业农产品进出口情况

（1）粮食作物及其制品

2018 年南非主要进口的粮食作物及其制品总进口额和总进口量：谷物类中进口的主要农产品为稻米（519 163 989 美元，1 075 288 848 千克）、小麦及混合麦（435 483 206 美元，2 140 129 047 千克）和玉米（55 380 608 美元，90 437 300 千克）；块根块茎类中进口的农产品为马铃薯（25 262 088 美元，29 525 283 千克）、木薯（7 970 068 美元，15 273 235 千克）和甘薯（113 495 美元，316 685 千克）；豆类中进口的主要农产品为芸豆（15 981 878 美元，19 243 085 千克）、豌豆（11 130 061 美元，15 140 942 千克）。具体如图 8 -1 所示。

2018 年南非主要出口的粮食作物及其制品总出口额和总出口量：谷物类中出口的主要农产品为玉米（574 522 783 美元，2 628 665 163 千克）和稻米 72 419 291 美元；113 789 654 千克）和小麦及混合麦（49 430 426 美元，130 025 697 千克）；块根块茎类中出口的农产品为马铃薯（105 031 240 美元，187 639 211 千克）、甘薯（1 296 905 美元，1 534 759 千克）和木薯（145 508 美元，192 140 千克）；豆类中出口的主要农产品为绿豆（8 362 369 美元，9 072 836 千克）和豇豆（6 992 767 美元，7 315 701 千克）。具体如图 8 -2 所示。

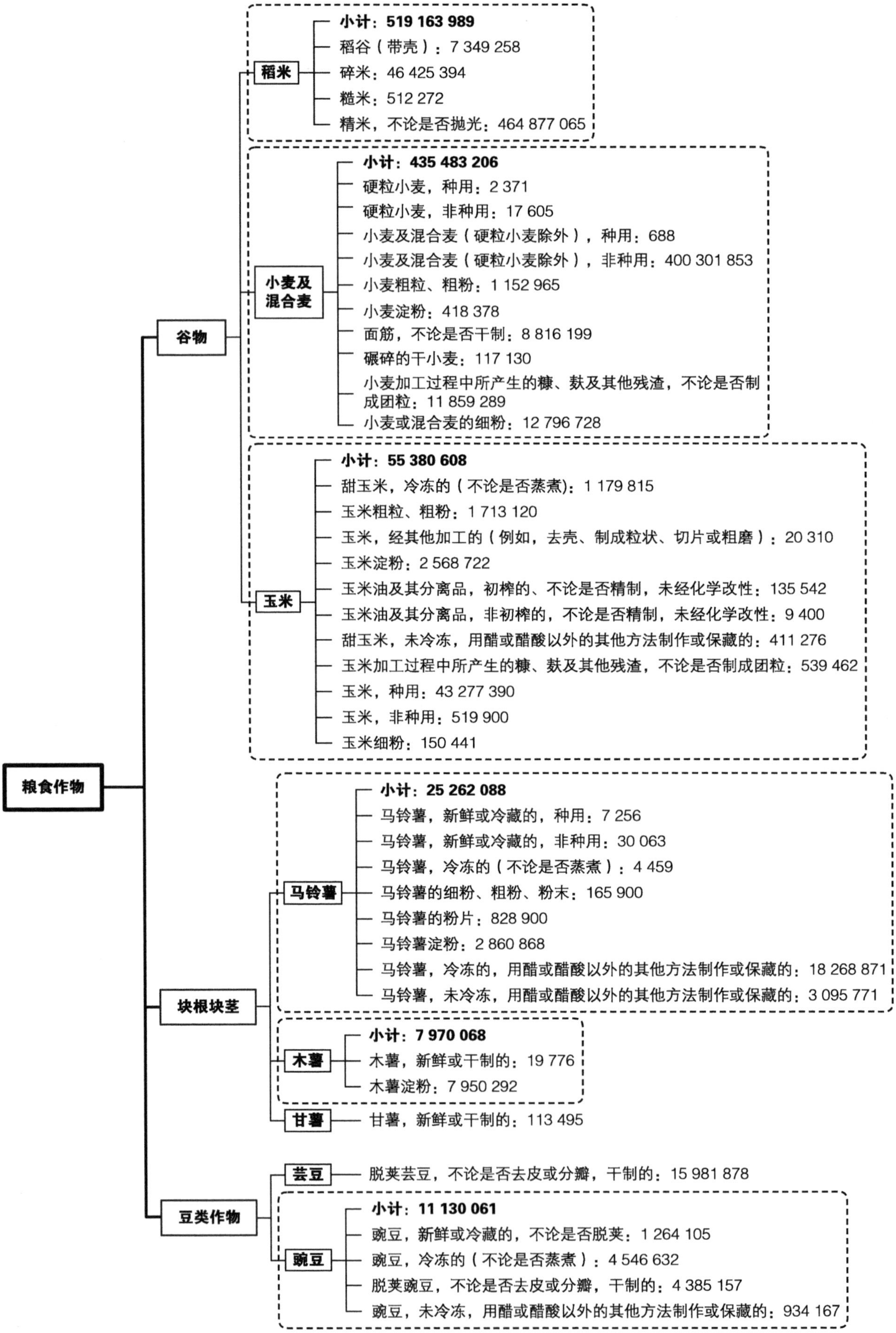

图8－1　2018年南非主要进口粮食作物及其制品进口额（单位：美元）

（数据来源：UN Comtrade 数据库）

- **粮食作物**
  - **谷物**
    - **玉米**
      - **小计：574 522 783**
      - 甜玉米，冷冻的（不论是否蒸煮）：926 881
      - 玉米粗粒、粗粉：58 194 756
      - 玉米，经其他加工的（例如，去壳、制成粒状、切片或粗磨）：1 139 476
      - 玉米淀粉：11 843 764
      - 玉米油及其分离品，初榨的、不论是否精制，未经化学改性：3 939
      - 玉米油及其分离品，非初榨的，不论是否精制，未经化学改性：292 886
      - 甜玉米，未冷冻，用醋或醋酸以外的其他方法制作或保藏的：1 121 134
      - 玉米加工过程中所产生的糠、麸及其他残渣，不论是否制成团粒：13 242 853
      - 玉米，种用：28 185 888
      - 玉米，非种用：424 226 883
      - 玉米细粉：35 344 323
    - **稻米**
      - **小计：72 419 291**
      - 稻谷（带壳）：2 655 091
      - 碎米：21 594 808
      - 糙米：554 105
      - 精米，不论是否抛光：47 615 287
    - **小麦及混合麦**
      - **小计：49 430 426**
      - 硬粒小麦，种用：108 210
      - 硬粒小麦，非种用：995 612
      - 小麦及混合麦（硬粒小麦除外），种用：388 084
      - 小麦及混合麦（硬粒小麦除外），非种用：18 058 356
      - 小麦粗粒、粗粉：944 204
      - 小麦淀粉：372 506
      - 面筋，不论是否干制：1 747 049
      - 碾碎的干小麦：141 644
      - 小麦加工过程中所产生的糠、麸及其他残渣，不论是否制成团粒：505 932
      - 小麦或混合麦的细粉：26 168 829
  - **块根块茎**
    - **马铃薯**
      - **小计：105 031 240**
      - 马铃薯，新鲜或冷藏的，种用：8 192 423
      - 马铃薯，新鲜或冷藏的，非种用：42 606 282
      - 马铃薯，冷冻的（不论是否蒸煮）：9 882 078
      - 马铃薯的细粉、粗粉、粉末：625 338
      - 马铃薯的粉片：351 257
      - 马铃薯淀粉：252 874
      - 马铃薯，冷冻的，用醋或醋酸以外的其他方法制作或保藏的：10 893 077
      - 马铃薯，未冷冻，用醋或醋酸以外的其他方法制作或保藏的：32 227 911
    - **甘薯**
      - 甘薯，新鲜或干制的：1 296 905
    - **木薯**
      - **小计：145 508**
      - 木薯，新鲜或干制的：40 527
      - 木薯淀粉：104 981
  - **豆类作物**
    - **绿豆**
      - 脱荚绿豆，不论是否去皮或分瓣，干制的：8 362 369
    - **豇豆**
      - **小计：6 992 767**
      - 豇豆属及菜豆属，新鲜或冷藏的，不论是否脱荚：1 703 950
      - 豇豆属及菜豆属，冷冻的（不论是否蒸煮）：270 819
      - 其他脱荚豇豆属及菜豆属蔬菜，不论是否去皮或分瓣，干制的：5 017 998

图 8－2　2018 年南非主要出口粮食作物及其制品出口额（单位：美元）

（数据来源：UN Comtrade 数据库）

（2）经济作物及其制品

2018年南非主要进口的经济作物及其制品总进口额和总进口量：水果中进口的主要农产品为葡萄（177 343 671美元，67 380 332千克）、苹果（53 472 196美元，46 949 157千克）和香蕉（40 316 936美元，150 348 190千克）；油料作物类中进口的主要农产品为棕榈（328 704 204美元，511 233 556千克）、大豆（275 319 714美元，617 599 576千克）、葵花与红花（116 477 803美元，149 415 420千克）；饮料作物类中进口的主要农产品为可可（210 281 577美元，42 973 056千克）、咖啡（176 711 495美元，43 007 609千克）和茶（49 456 689美元，22 203 415千克）。具体如图8－3所示。

2018年南非主要出口的经济作物及其制品总出口额和总出口量：水果中出口的主要农产品为葡萄（1 595 909 165美元，1 067 754 839千克）、橙子（1 127 645 294美元，1 640 250 403千克）和苹果（409 800 572美元，482 097 855千克）；油料作物类中出口的主要农产品为大豆（115 736 733美元，162 022 362千克）、葵花与红花（70 804 299美元，60 143 759千克）和花生（26 602 257美元，12 060 311千克）；糖料作物类中出口的主要农产品为甘蔗（205 120 242美元，653 113 462千克）和甜菜（6 924 692美元，25 792 366千克）。具体如图8－4所示。

8.3.2 畜禽农产品进出口情况

2018年南非主要进口的畜禽农产品总进口额和总进口量：家禽类主要进口产品包括鸡（461 888 422美元，601 747 557千克）、火鸡（35 998 705美元，26 729 025千克）和鸭（304 279美元，76 018千克）；家畜类主要进口产品包括牛（266 931 010美元，119 073 201千克）、猪（88 215 361美元，46 578 991千克）和绵羊（52 800 753美元，80 245 644千克）；特种经济动物类主要进口产品包括蜂产品（193 767 199美元，35 246 737千克）。具体如图8－5所示。

2018年南非主要出口的畜禽农产品出口额和出口量：家禽类主要出口产品包括鸡（105 137 929美元，507 856 489千克）、火鸡（2 055 305美元，1 352 442千克）和鸭（258 923美元，4 765 765千克）；家畜类主要出口产品包括牛（188 481 584美元，45 097 700千克）、猪（35 951 175美元，14 354 577千克）和马（11 318 921美元，1 586 661千克）；特种经济动物类主要出口产品包括蜂产品（167 603 931美元，70 634 680千克）。具体如图8－6所示。

- 经济作物
  - 水果
    - 葡萄
      - **小计：177 343 671**
      - 葡萄汁，包括酿酒葡萄汁，糖度值不超过30度的，未发酵及未加酒精的，不论是否加糖或其他甜物质：45 661
      - 葡萄汁，包括酿酒葡萄汁，糖度值超过30度的，未发酵及未加酒精的，不论是否加糖或其他甜物质：39 634 469
      - 其他鲜葡萄酿造的酒、加酒精抑制发酵的酿酒葡萄汁，装入2升以上但不超过10升容器的：88 696
      - 其他鲜葡萄酿造的酒、加酒精抑制发酵的酿酒葡萄汁，装入超过10升容器的：7 240 547
      - 其他酿酒葡萄汁：3 404
      - 味美思酒及其他加植物或香料的用鲜葡萄酿造的酒，装入2升及以下容器的：459 403
      - 味美思酒及其他加植物或香料的用鲜葡萄酿造的酒，装入2升以上容器的：1 051
      - 其他发酵饮料（例如，苹果酒、梨酒、清酒、黄酒）；其他税目未列名的发酵饮料的混合物及发酵饮料与无酒精饮料的混合物：4 375 779
      - 蒸馏葡萄酒制得的烈性酒：64 134 223
      - 葡萄，新鲜的：16 392 477
      - 葡萄，干制的：2 025 339
      - 汽泡酒，鲜葡萄酿造的，包括加酒精的：34 146 344
      - 其他鲜葡萄酿造的酒、加酒精抑制发酵的酿酒葡萄汁，装入2升及以下容器的：8 796 278
    - 苹果
      - **小计：53 472 196**
      - 苹果，干制的：193 349
      - 苹果汁，糖度值不超过20度的，未发酵及未加酒精的，不论是否加糖或其他甜物质：662
      - 苹果汁，糖度值超过20度的、未发酵及未加酒精的，不论是否加糖或其他甜物质：52 867 309
      - 苹果，新鲜的：410 876
    - 香蕉
      - **小计：40 316 936**
      - 芭蕉，新鲜或干制的：904 815
      - 其他香蕉，新鲜或干制的：39 412 121
  - 油料作物
    - 棕榈
      - **小计：328 704 204**
      - 棕榈果及棕榈仁，不论是否破碎：4 438
      - 棕榈油及其分离品、不论是否精制，未经化学改性，初榨的：2 957 623
      - 棕榈油及其分离品，不论是否精制，未经化学改性，非初榨的：293 635 186
      - 棕榈仁油或巴巴苏棕榈果油及其分离品，初榨的、不论是否精制，未经化学改性：1 678 807
      - 棕榈仁油或巴巴苏棕榈果油及其分离品，非初榨的、不论是否精制，未经化学改性：2 965 9101
      - 棕榈芯，用其他方法制作或保藏的，不论是否加酒、加糖或其他甜物质：18 288
      - 棕榈果或棕榈仁的油渣饼及其他固体残渣，不论是否碾磨或制成团粒：750 761
    - 大豆
      - **小计：275 319 714**
      - 大豆，种用：1 033 367
      - 大豆，非种用，不论是否破碎：2 057 646
      - 大豆粉：797 064
      - 其他含油子仁及果实的细粉及粗粉，芥子粉除外：159 696
      - 豆油及其分离品，不论是否精制，未经化学改性，初榨的、不论是否脱胶：23 108 672
      - 豆油及其分离品，不论是否精制，未经化学改性，非初榨的，不论是否脱胶：84 150 685
      - 酱油：1 807 421
      - 油渣饼及其他固体残渣，提炼豆油所得的，不论是否碾磨或制成团粒：162 205 163
    - 葵花与红花
      - **小计：116 477 803**
      - 葵花油或红花油及其分离品，初榨的、不论是否精制，但未经化学改性：104 950 860
      - 葵花油或红花油及其分离品，非初榨的、不论是否精制，但未经化学改性：11 526 943
  - 饮料作物
    - 可可
      - **小计：210 281 577**
      - 整颗或破碎的可可豆，生的或焙炒的：825 066
      - 可可荚、壳、皮及废料：47
      - 可可膏，未脱脂：16 569 322
      - 可可膏，全脱脂或部分脱脂：4 204
      - 可可脂、可可油：24 775 991
      - 未加糖或其他甜物质的可可粉：12 470 511
      - 可可粉，加糖或其他甜物质的：721 521
      - 其他巧克力及其他含可可的食品，重量超过2千克的块状、条状，或者呈液状、膏状、粉状、粒状或其他散装形状，容器包装或内包装每件净重超过2千克的：11 639 130
      - 其他含可可食品，块状或条状的，夹心，重量低于2千克：23 679 959
      - 其他含可可食品，块状或条状的，不夹心，重量低于2千克：15 747 644
      - 巧克力及其他含可可的食品：65 435 152
    - 咖啡
      - **小计：176 711 495**
      - 咖啡，未焙炒的，已浸除咖啡碱：699 838
      - 咖啡，已焙炒的，已浸除咖啡碱：2 640 961
      - 以咖啡浓缩汁或咖啡为基本成分的制品：4 688 748
      - 烘焙菊苣和其他烘焙咖啡代用品及其浓缩汁：6 039 743
      - 咖啡，未焙炒的，未浸除咖啡碱：54 828 184
      - 咖啡，已焙炒的，未浸除咖啡碱：31 294 023
      - 咖啡豆荚及咖啡豆皮；含任意比例咖啡的咖啡代用品：55 714
      - 咖啡浓缩汁：76 464 284
    - 茶
      - **小计：49 456 689**
      - 绿茶（未发酵），内包装每件净重超过3千克，不论是否加香料：1 207 658
      - 马黛茶：3 458
      - 茶、马黛茶浓缩汁及以其为基本成分的制品：5 104 208
      - 绿茶（未发酵），内包装每件净重不超过3千克，不论是否加香料：1 229 620
      - 红茶（已发酵）及半发酵茶，内包装每件净重不超过3千克，不论是否加香料：1 661 227
      - 红茶（已发酵）及半发酵茶，内包装每件净重超过3千克，不论是否加香料：40 250 518

图 8－3　2018 年南非主要进口经济作物及其制品进口额（单位：美元）

（数据来源：UN Comtrade 数据库）

- **经济作物**
  - **水果**
    - **葡萄**
      - **小计：1 595 909 165**
      - 葡萄汁，包括酿酒葡萄汁，糖度值不超过30度的，未发酵及未加酒精的，不论是否加糖或其他甜物质：6 081 806
      - 葡萄汁，包括酿酒葡萄汁，糖度值超过30度的，未发酵及未加酒精的，不论是否加糖或其他甜物质：16 150 425
      - 其他鲜葡萄酿造的酒、加酒精抑制发酵的酿酒葡萄汁，装入2升以上但不超过10升容器的：65 025 701
      - 其他鲜葡萄酿造的酒、加酒精抑制发酵的酿酒葡萄汁，装入超过10升容器的：177 327 506
      - 其他酿酒葡萄汁：1 046 391
      - 味美思酒及其他加植物或香料的用鲜葡萄酿造的酒，装入2升及以下容器的：3 664 102
      - 味美思酒及其他加植物或香料的用鲜葡萄酿造的酒，装入2升以上容器的：160 779
      - 其他发酵饮料（例如，苹果酒、梨酒、清酒、黄酒）；其他税目未列名的发酵饮料的混合物及发酵饮料与无酒精饮料的混合物：70 340 260
      - 蒸馏葡萄酒制得的烈性酒：30 015 205
      - 葡萄，新鲜的：537 675 044
      - 葡萄，干制的：150 616 433
      - 汽泡酒，鲜葡萄酿造的，包括加酒精的：30 195 469
      - 其他鲜葡萄酿造的酒、加酒精抑制发酵的酿酒葡萄汁，装入2升及以下容器的：507 610 044
    - **橙子**
      - **小计：1 127 645 294**
      - 柠檬及酸橙，新鲜或干制的：267 468 451
      - 橙汁，冷冻的，未发酵及未加酒精的，不论是否加糖或其他甜物质：14 871 264
      - 橙汁，非冷冻的，糖度值不超过20度的、未发酵及未加酒精的，不论是否加糖或其他甜物质：4 175 761
      - 橙汁，非冷冻的，糖度值超过20度的，未发酵及未加酒精的，不论是否加糖或其他甜物质：29 480 454
      - 橙，新鲜或干制的：81 1649 364
    - **苹果**
      - **小计：409 800 572**
      - 苹果，干制的：1 726 558
      - 苹果汁，糖度值不超过20度的，未发酵及未加酒精的，不论是否加糖或其他甜物质：10 670 985
      - 苹果汁，糖度值超过20度的、未发酵及未加酒精的,不论是否加糖或其他甜物质：12 175 506
      - 苹果，新鲜的：385 227 523
  - **油料作物**
    - **大豆**
      - **小计：115 736 733**
      - 大豆，种用：11 724 704
      - 大豆，非种用，不论是否破碎：3 047 169
      - 大豆粉：3 047 859
      - 其他含油子仁及果实的细粉及粗粉，但芥子粉除外：10 962 175
      - 豆油及其分离品，不论是否精制，但未经化学改性，初榨的、不论是否脱胶：38 383 567
      - 豆油及其分离品，不论是否精制，但未经化学改性，非初榨的，不论是否脱胶：16 325 290
      - 酱油：1 274 579
      - 油渣饼及其他固体残渣，提炼豆油所得的，不论是否碾磨或制成团粒：30 971 390
    - **葵花与红花**
      - **小计：70 804 299**
      - 葵花油或红花油及其分离品，初榨的、不论是否精制，但未经化学改性：9 070 495
      - 葵花油或红花油及其分离品，非初榨的、不论是否精制，但未经化学改性：61 733 804
    - **花生**
      - **小计：26 602 257**
      - 花生，种用：233 349
      - 花生，非种用，未焙炒或未烹煮的，未去壳：87 847
      - 花生，非种用，未焙炒或未烹煮的，去壳，不论是否被破碎：12 502 900
  - **糖料作物**
    - **甘蔗**
      - **小计：205 120 242**
      - 甘蔗，主要用于人类食用的一种类型，新鲜或干制的，无论是否经过研磨：101 114
      - 甘蔗，适于人类食用的，新鲜，冷藏，冷冻或干制的：10 401
      - 非离心甘蔗糖，固体的，未加香料或着色剂的：7 585 459
      - 其他甘蔗原糖，固体的，未加香料或着色剂的：190 711 405
      - 甘蔗糖蜜：349 658
      - 其他糖蜜，非甘蔗糖蜜：1 052 331
      - 朗姆酒及其他甘蔗蒸馏酒：5 309 874
    - **甘蔗与甜菜**
      - **小计：178 905 878**
      - 固体甘蔗糖、甜菜糖及化学纯蔗糖，加有香料或着色剂：1 210 298
      - 固体甘蔗糖、甜菜糖及化学纯蔗糖，未加有香料或着色剂：177 695 580
    - **甜菜**
      - **小计：6 924 692**
      - 色拉甜菜根、婆罗门参、块根芹、小萝卜及类似的食用根茎，新鲜或冷藏的：2 700 240
      - 甜菜籽，种用：129 788
      - 甜菜，不论是否碾磨，新鲜或干制的：5 702
      - 芜菁甘蓝、饲料甜菜、饲料用根、干草、三叶草、驴喜豆、饲料羽衣甘蓝、羽扇豆、巢菜及类似饲料，不论是否制成团粒：3 496 706
      - 甜菜原糖，固体的，未加香料或着色剂的：558 238
      - 甜菜渣、甘蔗渣及制糖过程中的其他残渣，不论是否制成团粒：34 018

图8－4　2018年南非主要出口经济作物及其制品出口额（单位：美元）

（数据来源：UN Comtrade数据库）

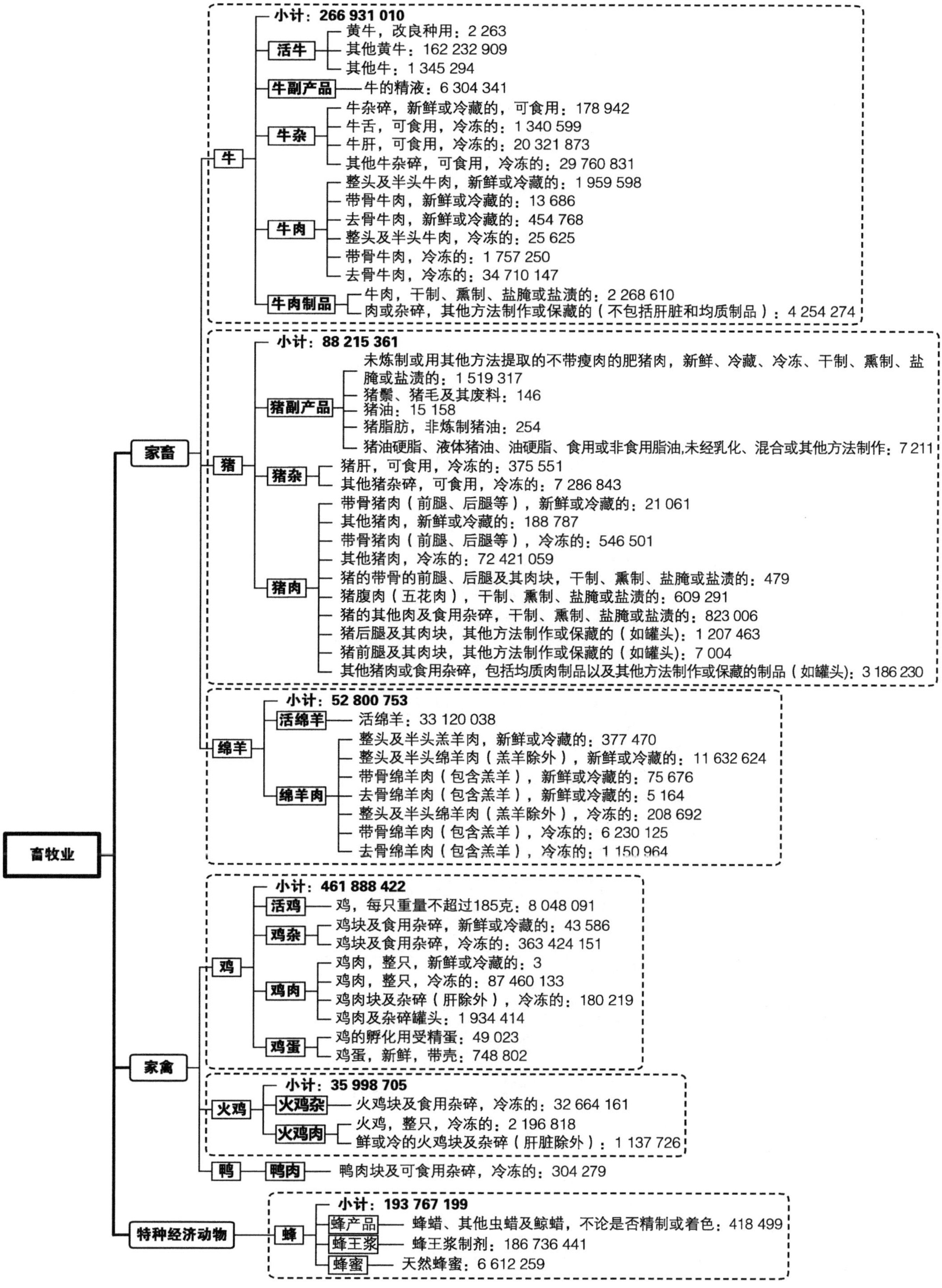

图 8－5　2018 年南非主要进口畜禽产品进口额（单位：美元）

（数据来源：UN Comtrade 数据库）

- 畜牧业
  - 家畜
    - 牛
      - 小计：**188 481 584**
      - 活牛
        - 黄牛，改良种用：1 614 190
        - 其他黄牛：20 417 623
        - 水牛，改良种用：904 793
        - 其他水牛：33 497
        - 其他牛：3 976 980
      - 牛副产品
        - 牛的精液：260 446
      - 牛杂
        - 牛杂碎，新鲜或冷藏的，可食用：1 194 116
        - 牛舌，可食用，冷冻的：38 519
        - 牛肝，可食用，冷冻的：1 774 463
        - 其他牛杂碎，可食用，冷冻的：4 159 583
      - 牛肉
        - 整头及半头牛肉，新鲜或冷藏的：5 983 273
        - 带骨牛肉，新鲜或冷藏的：19 479 488
        - 去骨牛肉，新鲜或冷藏的：47 385 597
        - 整头及半头牛肉，冷冻的：2 373 515
        - 带骨牛肉，冷冻的：14 278 978
        - 去骨牛肉，冷冻的：50 408 127
      - 牛肉制品
        - 牛肉，干制、熏制、盐腌或盐渍的：2 008 000
        - 肉或杂碎，其他方法制作或保藏的（不包括肝脏和均质制品）：12 190 396
    - 猪
      - 小计：**35 951 175**
      - 活猪
        - 猪，改良种用：8 29 978
        - 其他猪，每头重量在50千克以下：79 291
        - 其他猪，每头重量在50千克以上：181 698
      - 猪副产品
        - 未炼制或用其他方法提取的不带瘦肉的肥猪肉，新鲜、冷藏、冷冻、干制、熏制、盐腌或盐渍的：64 602
        - 猪鬃、猪毛及其废料：2 146
        - 猪油：37 459
        - 猪脂肪，非炼制猪油：47 842
        - 猪油硬脂、液体猪油、油硬脂、食用或非食用脂油，未经乳化、混合或其他方法制作：21 258
      - 猪杂
        - 猪杂碎，可食用，新鲜或冷藏的：53 764
        - 猪肝，可食用，冷冻的：27 693
        - 其他猪杂碎，可食用，冷冻的：387 230
      - 猪肉
        - 整头及半头猪肉，新鲜或冷藏的：3 538 397
        - 带骨猪肉（前腿、后腿等），新鲜或冷藏的：1 140 357
        - 其他猪肉，新鲜或冷藏的：7 387 332
        - 整头及半头猪肉，冷冻的：1 046 054
        - 带骨猪肉（前腿、后腿等），冷冻的：973 656
        - 其他猪肉，冷冻的：10 750 496
        - 猪的带骨的前腿、后腿及其肉块，干制、熏制、盐腌或盐渍的：57 462
        - 猪腹肉（五花肉），干制、熏制、盐腌或盐渍的：247 385
        - 猪的其他肉及食用杂碎，干制、熏制、盐腌或盐渍的：1 562 177
        - 猪后腿及其肉块，其他方法制作或保藏的（如罐头）：1 158 517
        - 猪前腿及其肉块，其他方法制作或保藏的（如罐头）：563 331
        - 其他猪肉或食用杂碎，包括均质肉制品以及其他方法制作或保藏的制品（如罐头）：5 793 050
    - 马
      - 活马
        - 小计：**11 318 921**
        - 马，改良种用：5 080 574
        - 其他马：6 238 347
  - 家禽
    - 鸡
      - 小计：**105 137 929**
      - 其他活鸡
        - 其他鸡，每只重量不超过185克：3 258 473
      - 活鸡
        - 鸡，每只重量不超过185克：2 561 480
      - 鸡杂
        - 鸡块及食用杂碎，新鲜或冷藏的：24 982 053
        - 鸡块及食用杂碎，冷冻的：31 530 508
      - 鸡肉
        - 鸡肉，整只，新鲜或冷藏的：3 873 029
        - 鸡肉，整只，冷冻的：21 028 210
        - 鸡肉块及杂碎（肝除外），冷冻的：6 809
        - 鸡肉及杂碎罐头：3 485 022
      - 鸡蛋
        - 鸡的孵化用受精蛋：12 271 908
        - 鸡蛋，新鲜，带壳：2 140 437
    - 火鸡
      - 小计：**20 55 305**
      - 活火鸡
        - 火鸡，每只重量不超过185克：4 432
      - 火鸡杂
        - 火鸡块及食用杂碎，新鲜或冷藏的：243 440
        - 火鸡块及食用杂碎，冷冻的：1 529 674
      - 火鸡肉
        - 火鸡，整只，新鲜或冷藏的：14 350
        - 火鸡，整只，冷冻的：143 361
        - 鲜或冷的火鸡块及杂碎（肝脏除外）：40 561
        - 火鸡肉及食用杂碎，其他方法制作或保藏的（不包括肝脏和均质制品）：79 487
    - 鸭
      - 小计：**258 923**
      - 活鸭
        - 鸭，每只重量不超过185克：30 879
      - 鸭肉
        - 鸭肉块及可食用杂碎，新鲜或冷藏的：45 289
        - 鸭肉块及可食用杂碎，冷冻的：182 755
  - 特种经济动物
    - 蜂
      - 小计：**110 303**
      - 蜂
        - 蜂：5 537
      - 蜂产品
        - 蜂蜡、其他虫蜡及鲸蜡，不论是否精制或着色：99 467
      - 蜂王浆
        - 蜂王浆制剂：3 595
      - 蜂蜜
        - 天然蜂蜜：1 704

图8－6　2018年南非主要出口畜禽产品出口额（单位：美元）

（数据来源：UN Comtrade 数据库）

9 尼日利亚

9.1 国家基础数据

尼日利亚地处西非东南部，南濒大西洋几内亚湾，北邻尼日尔，西接贝宁，东靠喀麦隆，东北隔乍得湖与乍得相望。国土面积 92.38 万平方千米，其中农业用地面积 70.8 万平方千米，年均降水量 1 150 毫米。尼日利亚人口数量为 2.06 亿人，其中农村人口为 9 815.67 万人，占总人口的比例为 48.84%，农业就业人员占就业人口比例的 34.66%。尼日利亚国民生产总值（GDP）为 3 972.7 亿美元，农业增加值占 GDP 的 21%，农业增加值年增长率为 2.36%。

9.2 农产品生产情况

9.2.1 种植业生产情况

依据 2018 年联合国粮食及农业组织（FAO）官方数据，统计分析尼日利亚种植业产品生产情况，分别从农作物初级品产量、农作物初级品播种面积、农作物加工品产量不同维度对该国主要农产品生产规模（表 9－1）及全球位次等进行展示，情况如下。

（1）农作物初级品产量

2018年尼日利亚主要农作物初级品产量：木薯55 795 814吨（全球排名9/115①，占全球产量比例18.91%②）；山药50 000 000吨（全球排名3/76，占全球产量比例68.13%）；玉米11 000 000吨（全球排名36/198，占全球产量比例0.98%）；油棕果9 600 000吨（全球排名12/62，占全球产量比例2.38%）；稻米8 403 000吨（全球排名28/146，占全球产量比例1.10%）；其他新鲜蔬菜7 447 732吨（全球排名15/214，占全球产量比例2.44%）；高粱6 800 000吨（全球排名12/140，占全球产量比例11.26%）；花生（带壳）4 600 000吨（全球排名11/134，占全球产量比例9.04%）；柑橘类水果4 110 388吨（全球排名6/93，占全球产量比例28.55%）；甘薯4 070 534吨（全球排名12/131，占全球产量比例4.42%）。

（2）农作物初级品播种面积

2018年尼日利亚主要农作物初级品播种面积：玉米6 816 126公顷（全球排名27/197，占全球产量比例3.46%）；木薯6 667 820公顷（全球排名6/115，占全球产量比例24.93%）；山药6 067 824公顷（全球排名3/74，占全球产量比例69.85%）；稻米5 873 615公顷（全球排名18/146，占全球产量比例3.55%）；高粱5 596 102公顷（全球排名10/140，占全球产量比例13.21%）；干豇豆4 211 728公顷（全球排名8/59，占全球产量比例29.20%）；花生（带壳）3 770 015公顷（全球排名12/134，占全球产量比例12.69%）；油棕果3 760 666公顷（全球排名7/62，占全球产量比例13.59%）；谷子2 686 329公顷（全球排名13/102，占全球产量比例8.02%）；甘薯1 659 832公顷（全球排名10/131，占全球产量比例21.60%）。

（3）农作物加工品产量

2018年尼日利亚主要农作物加工品产量：大麦啤酒1 800 000吨；棕榈油1 130 000吨（全球排名14/63，占全球产量比例1.58%）；花生油364 100吨（全球排名12/121，占全球产量比例6.56%）；棕榈仁305 000吨（全球排名14/62，占全球产量比例1.68%）；棕榈仁油134 300吨（全球排名13/55，占全球产量比例1.71%）；大豆油94 500吨；棉绒94 000吨；棉籽92 000吨；芝麻油54 000吨（全球排名16/87，占全球产量比例5.10%）；粗糖（离心糖）30 000吨。

表9-1 2018年尼日利亚种植业生产情况

国内排名	初级品产量		初级品播种面积		加工品产量	
	产品	产量（吨）	产品	播种面积（公顷）	产品	产量（吨）
1	木薯	55 795 814	玉米	6 816 126	大麦啤酒	1 800 000

① 全球排名9/115，115是指依据FAO统计数据源，2018年共115个国家生产木薯并提供了产量数据，各国产量由高到低排序，尼日利亚木薯产量全球排名位于第34位，余同。

② 全球产量占比18.91%指依据FAO统计数据源，2018年尼日利亚木薯产量占全球总产量（世界各国向FAO提供木薯产量数据之和）的比重为18.91%，余同。

（续表）

国内排名	初级品产量		初级品播种面积		加工品产量	
	产品	产量（吨）	产品	播种面积（公顷）	产品	产量（吨）
2	山药	50 000 000	木薯	6 667 820	棕榈油	1 130 000
3	玉米	11 000 000	山药	6 067 824	花生油	364 100
4	油棕果	9 600 000	稻米	5 873 615	棕榈仁	305 000
5	稻米	8 403 000	高粱	5 596 102	棕榈仁油	134 300
6	其他新鲜蔬菜	7 447 732	干豇豆	4 211 728	大豆油	94 500
7	高粱	6 800 000	花生（带壳）	3 770 015	棉绒	94 000
8	花生（带壳）	4 600 000	油棕果	3 760 666	棉籽	92 000
9	柑橘类水果	4 110 388	谷子	2 686 329	芝麻油	54 000
10	甘薯	4 070 534	甘薯	1 659 832	粗糖（离心糖）	30 000

数据来源：FAO 数据库。

9.2.2 畜禽生产情况

依据2018年联合国粮食及农业组织（FAO）官方数据，统计分析尼日利亚畜禽生产情况，分别从畜禽存栏量、畜禽初级品产量、畜禽加工品产量不同维度对尼日利亚主要农产品生产规模（表9－2）及全球位次进行展示，情况如下。

（1）畜禽存栏量

2018年尼日利亚主要牲畜存栏量：山羊80 050 211只（全球排名13/216，占全球产量比例7.55%）；绵羊45 721 302只（全球排名24/209，占全球产量比例3.75%）；牛20 275 529头（全球排名42/224，占全球产量比例1.36%）；猪8 003 751头（全球排名45/205，占全球产量比例0.82%）；兔4 882 000只（全球排名14/70，占全球产量比例1.64%）；驴1 327 894头（全球排名26/133，占全球产量比例2.66%）；骆驼280 023匹；马102 200匹。主要禽类存栏量：鸡181 907 000只（全球排名49/218，占全球产量比例0.72%）。

（2）畜禽初级品产量

2018年尼日利亚主要畜禽初级品产量：鸡蛋640 000吨（全球排名40/197，占全球产量比例0.81%）；全脂牛奶516 176吨；牛肉317 406吨；猪肉299 495吨；山羊肉270 598吨（全球排名16/203，占全球产量比例4.42%）；鸡肉260 132吨；禽肉260 132吨；野味188 014吨（全球排名16/70，占全球产量比例9.32%）；绵羊肉154 776吨（全球排名40/211，占全球产量比例1.58%）；牛杂碎47 935吨。

（3）畜禽加工品产量

2018年尼日利亚主要畜禽加工品产量：脱脂牛奶225 865吨；奶酪71 994吨；黄油（牛奶黄油）

12 143 吨；脱脂奶酪9 726吨。

表9－2　2018年尼日利亚畜禽生产情况

国内排名	活动物		初级品		加工品	
	产品	存栏量（头、只或匹）	产品	产量（吨）	产品	产量（吨）
1	鸡	181 907 000	鸡蛋	640 000	脱脂牛奶	225 865
2	山羊	80 050 211	全脂牛奶	516 176	奶酪	71 994
3	绵羊	45 721 302	牛肉	317 406	黄油（牛奶黄油）	12 143
4	牛	20 275 529	猪肉	299 495	脱脂奶酪	9 726
5	猪	8 003 751	山羊肉	270 598		
6	兔	4 882 000	鸡肉	260 132		
7	驴	1 327 894	禽肉	260 132		
8	骆驼	280 023	野味	188 014		
9	马	102 200	绵羊肉	154 776		
10			牛杂碎	47 935		

数据来源：FAO数据库。

9.3　农产品贸易情况

依据2018年联合国商品贸易统计数据库（UN Comtrade）官方数据，序化组织农业单品种多元形态数据信息（《商品名称及编码协调制度的国际公约》HS国际贸易商品分类体系6位编码商品），例如，将马铃薯种用、非种用、粗粉、细粉、颗粒等进出口数据进行集成汇总与统计分析，分别从粮食作物及其制品、经济作物及其制品、畜禽农产品进出口额（量）不同维度展示尼日利亚主要农产品贸易情况，情况如下。

9.3.1　种植业农产品进出口情况

（1）粮食作物及其制品

2018年尼日利亚主要进口的粮食作物及其制品总进口额和总进口量：谷物类中进口的主要农产品为小麦及混合麦（1 363 530 104美元，3 476 798千克）、大麦（84 233 697美元，4 470 036千克）和玉米（54 313 801美元，59 516 959千克）；块根块茎类中进口的农产品为马铃薯（10 614 849美元，7 717 002千克）、甘薯（415 582美元）和木薯（104 787美元，58 822千克）；豆类中进口的主要农产品为豌豆（5 259 900美元，4 766 081千克）、芸豆（3 214 638美元，3 580 210千克）和鹰嘴豆（1 595 644美元，1 087 604千克）。具体如图9－1所示。

2018年尼日利亚主要出口的粮食作物及其制品总出口额和总出口量：谷物类中出口的主要农产品为小麦及混合麦（2 981 306美元，25 664 336千克）、高粱（647 048美元，1 246 300千克）和玉米（64 484美元，139 100千克）；块根块茎类中出口的农产品为马铃薯（27 906美元，300千克）、木薯（18 406美元，36 500千克）；豆类中出口的主要农产品为豇豆（346 193美元，308 240千克）、豌豆（84 706美元，

170 200 千克）和芸豆（64 286 美元，82 822 千克）。具体如图 9－2 所示。

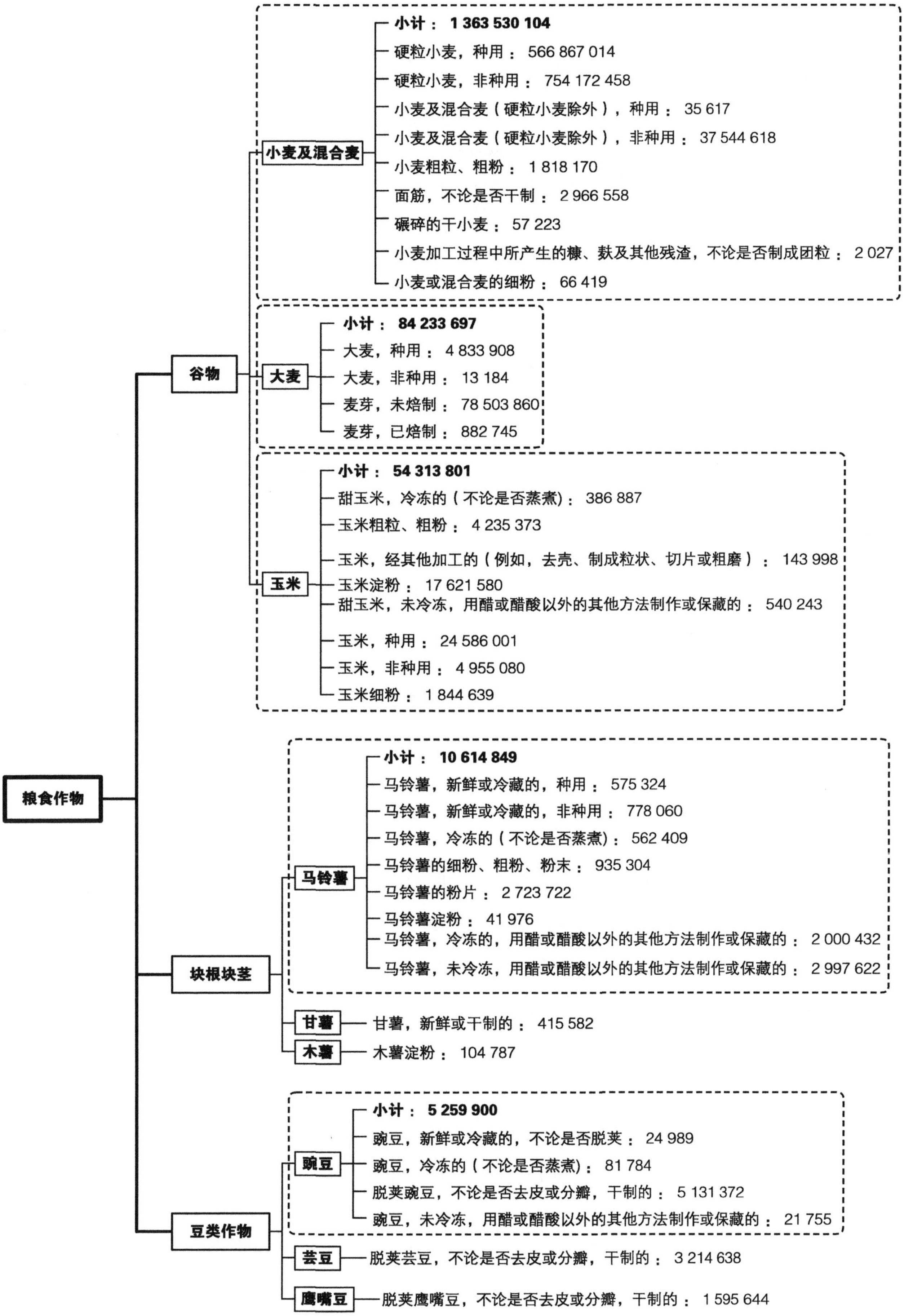

图 9－1　2018 年尼日利亚主要进口粮食作物及其制品进口额（单位：美元）

（数据来源：UN Comtrade 数据库）

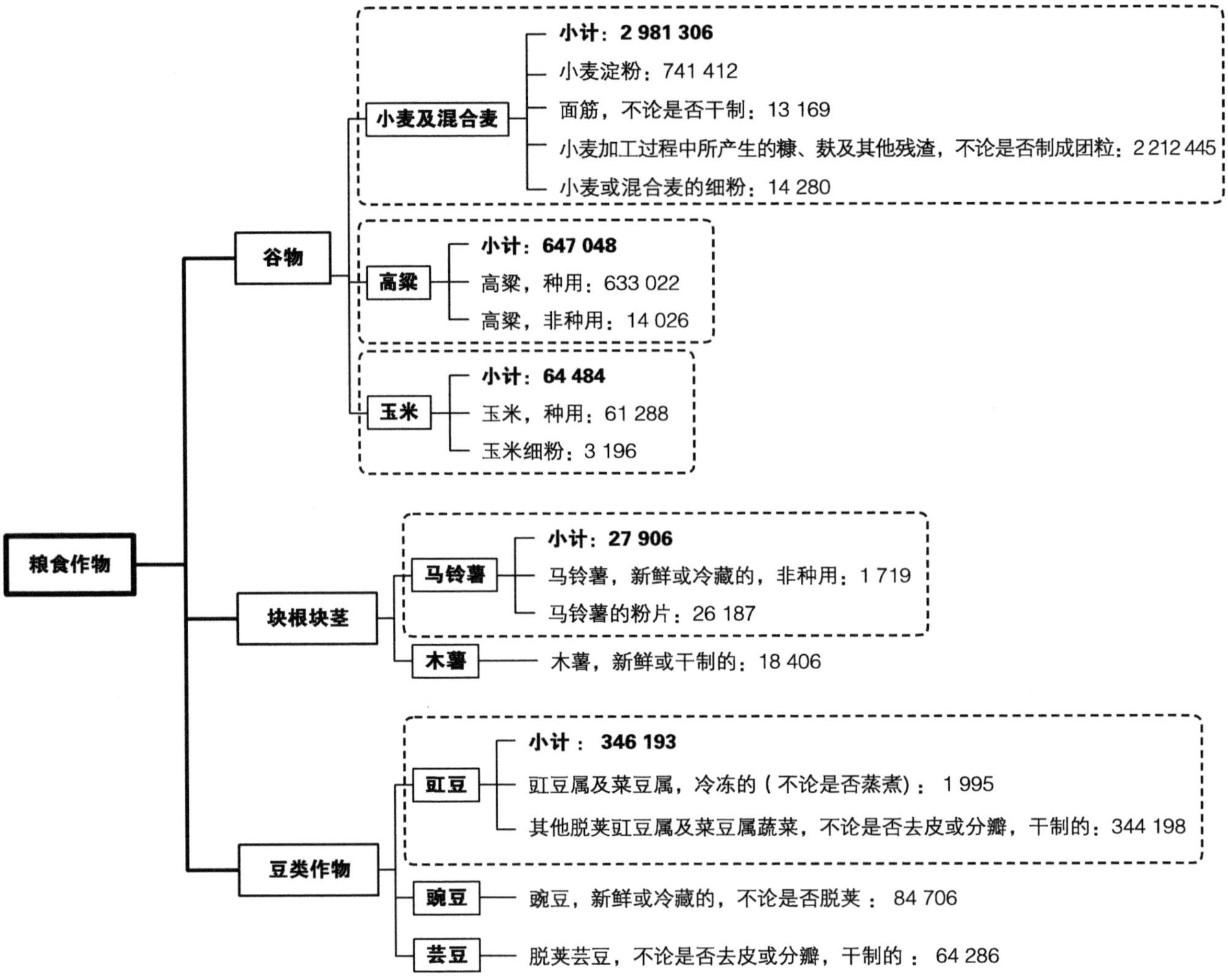

图9－2　2018年尼日利亚主要出口粮食作物及其制品出口额（单位：美元）

（数据来源：UN Comtrade数据库）

（2）经济作物及其制品

2018年尼日利亚主要进口的经济作物及其制品总进口额和总进口量：油料作物类中进口的主要农产品为棕榈（152 361 365美元，297 930千克）、大豆（21 519 313美元，3 082 157千克）和芝麻（2 680 748美元，9 071 782千克）；糖料作物类中进口的主要农产品为甘蔗（523 679 115美元，592 441 158千克）、甜菜（254 625美元，425 122千克）；饮料作物类中进口的主要农产品为茶（22 918 810美元，10 188 589千克）、咖啡（20 813 955美元，6 363 445千克）和可可（20 419 639美元，7 375 005千克）。具体如图9－3所示。

2018年尼日利亚主要出口的经济作物及其制品总出口额和总出口量：油料作物类中出口的主要农产品为芝麻（306 074 529美元，237 977 861千克）、大豆（20 073 562美元，42 600 522千克）和椰子（8 539 486美元，5 329 554千克）；坚果作物类中出口的主要农产品为腰果（210 916 000美元，369 689 947千克）和巴西坚果（24 605美元，24 648千克）；饮料作物类中出口的主要农产品为咖啡（110 108美元，230 124千克）、可可（376 060 990美元，174 945 717千克）和茶（581 699美元，289 070千克）具体如图9－4所示。

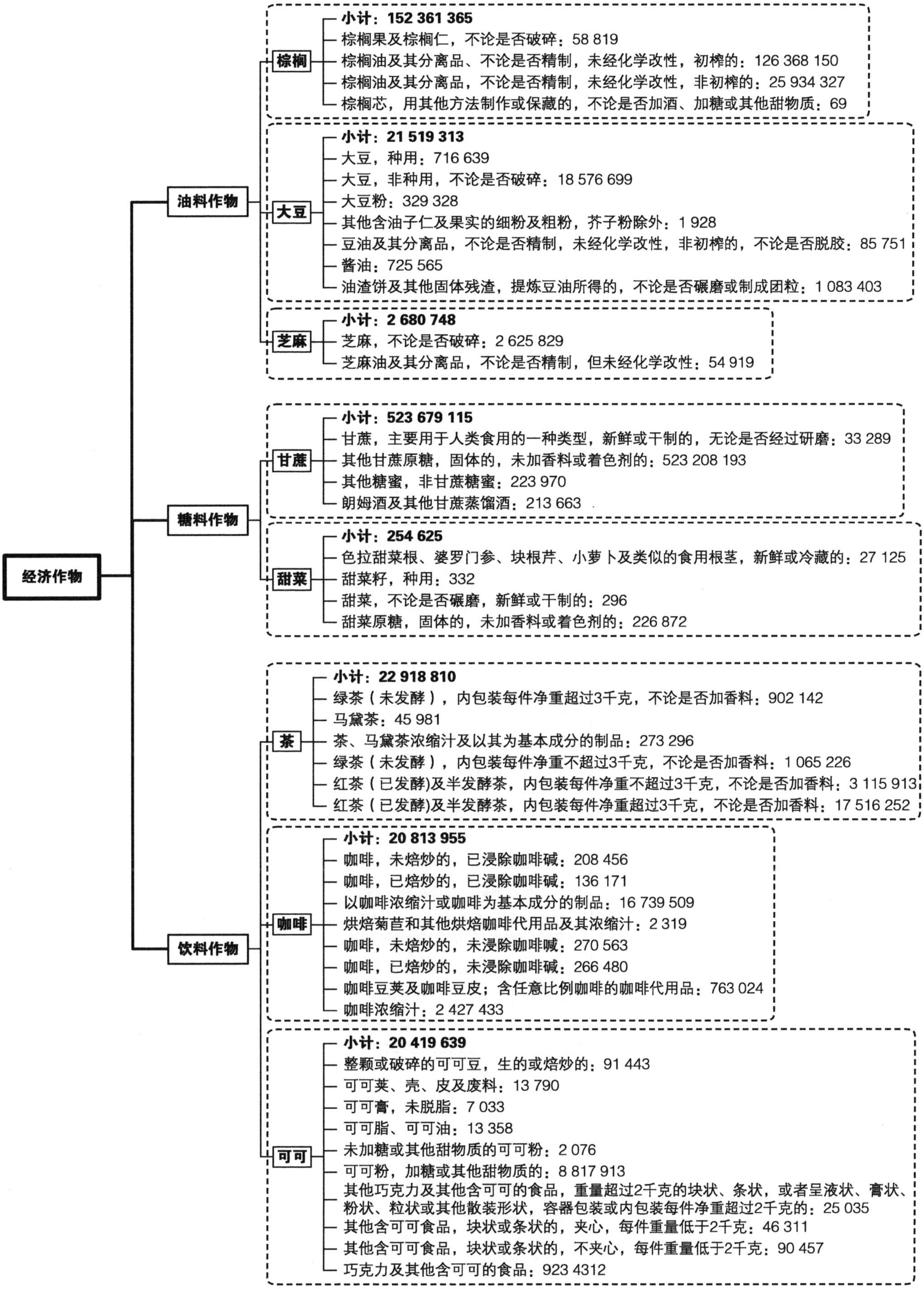

图 9－3　2018 年尼日利亚主要进口经济作物及其制品进口额（单位：美元）

（数据来源：UN Comtrade 数据库）

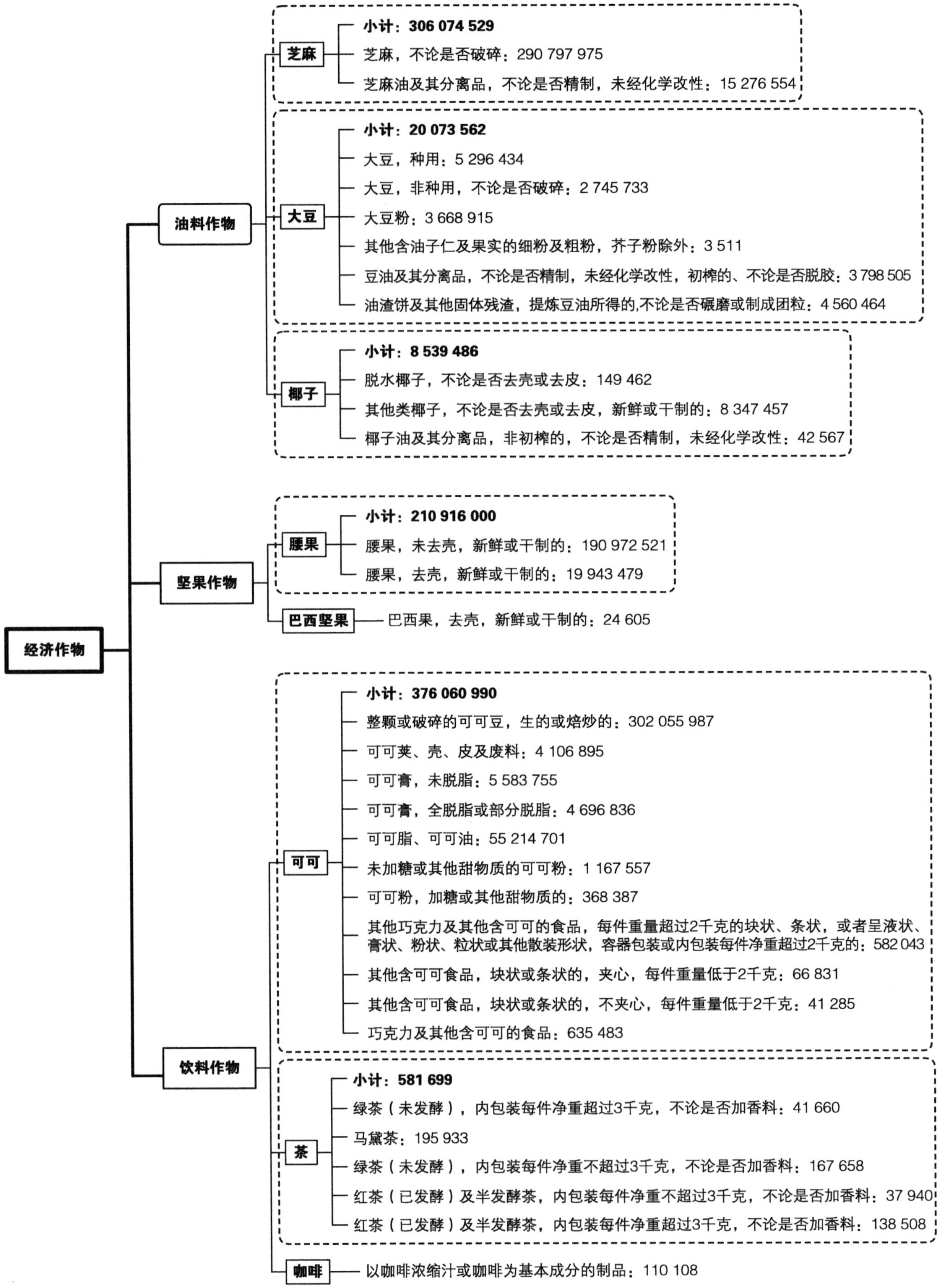

图 9－4　2018 年尼日利亚主要出口经济作物及其制品出口额（单位：美元）

（数据来源：UN Comtrade 数据库）

9.3.2　畜禽农产品进出口情况

2018 年尼日利亚主要进口的畜禽农产品总进口额和总进口量：家禽类主要进口产品包括鸡（947 551 美元，234 815 千克）；家畜类主要进口产品包括猪（5 052 926 美元，41 821 千克）、牛（1 851 857 美元，2 685 958 千克）和马（360 043 美元，140 112 千克）；特种经济动物类主要进口产品包括蜂产品（116 486 539 美元，36 362 237 千克）。具体如图 9－5 所示。

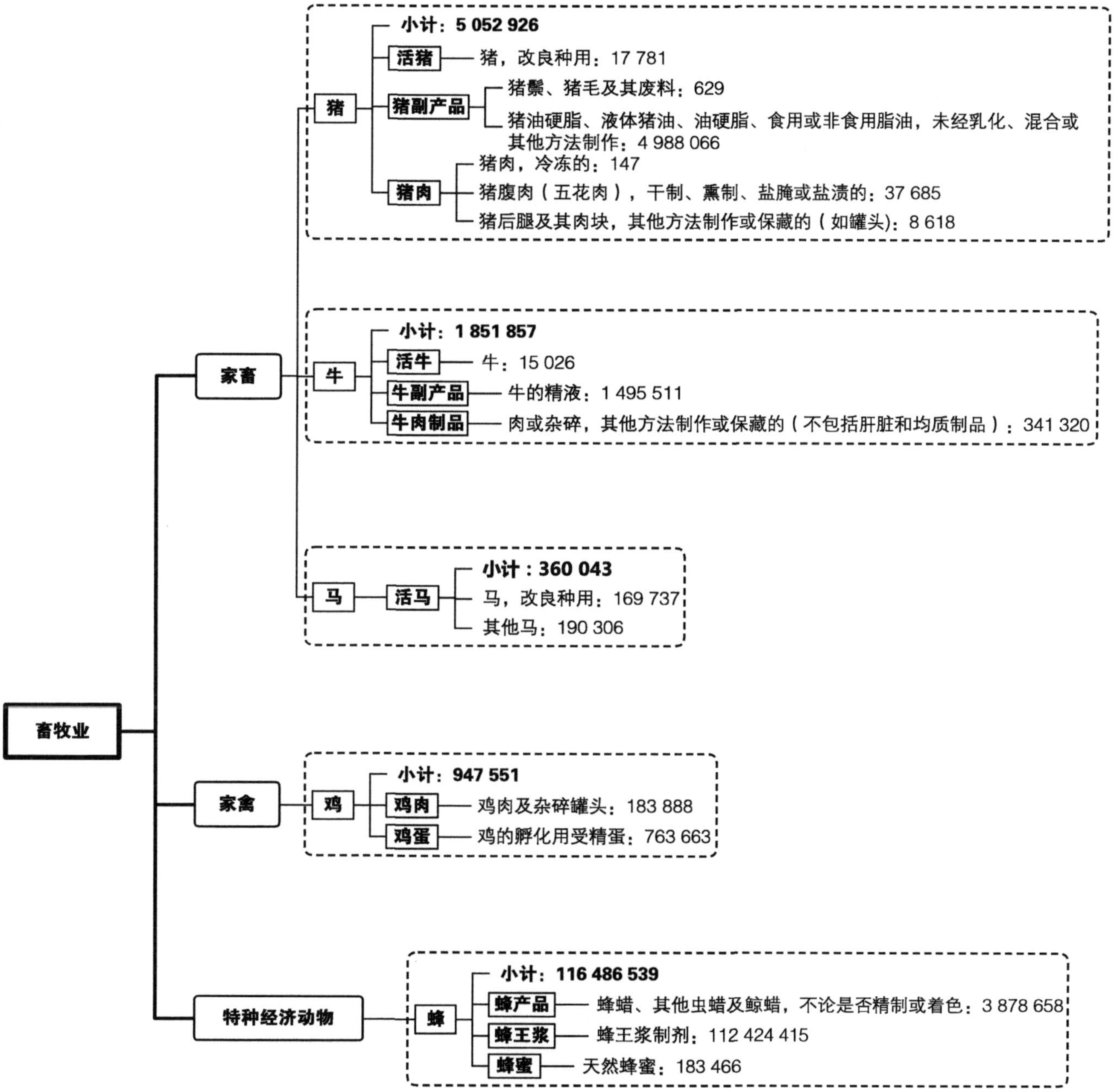

图 9－5　2018 年尼日利亚主要进口畜禽产品进口额（单位：美元）

（数据来源：UN Comtrade 数据库）

2018 年尼日利亚主要出口的畜禽农产品出口额和出口量：家畜类主要出口产品包括牛（240 491 美元，938 495 千克）、猪（73 184 美元，73 500 千克）和绵羊（9 822 美元，20 000 千克）；特种经济动物类主要出口产品包括蜂产品（14 228 600 美元，3 743 388 千克）。具体如图 9－6 所示。

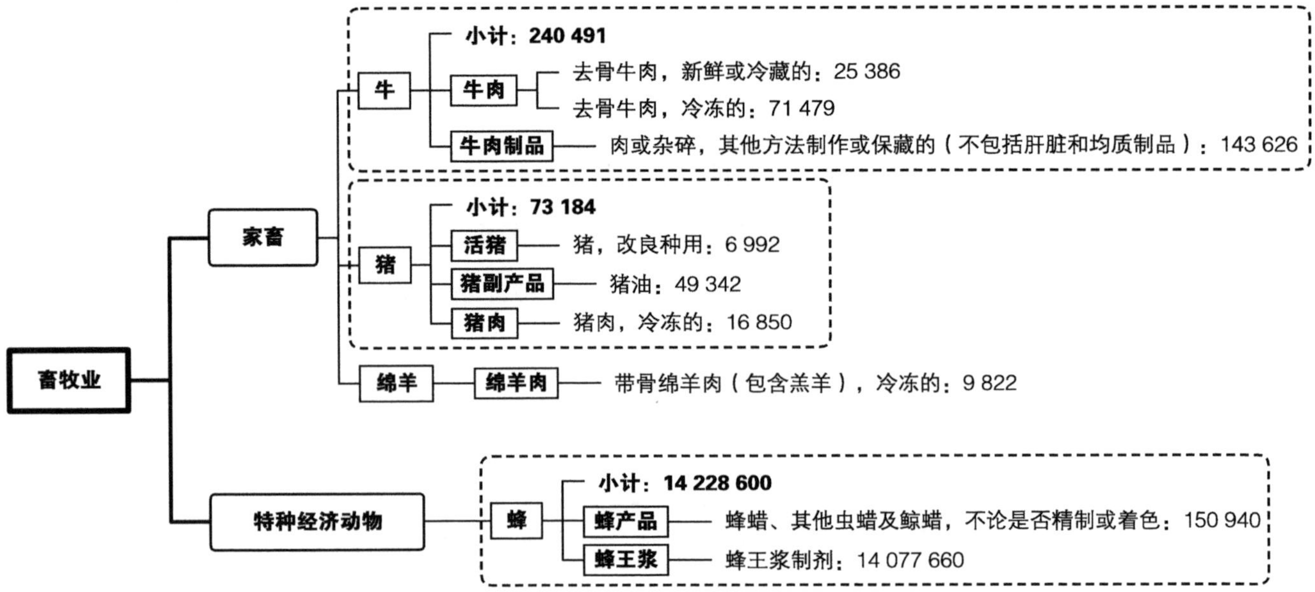

图 9－6　2018 年尼日利亚主要出口畜禽产品出口额（单位：美元）

（数据来源：UN Comtrade 数据库）

10 苏　丹

10.1 国家基础数据

苏丹位于非洲东北部，东临红海、厄立特里亚、埃塞俄比亚，南邻南苏丹、中非，西部与乍得、利比亚接壤，北邻埃及。国土面积 188 万平方千米，其中农业用地面积 68.19 万平方千米，年均降水量 250 毫米。苏丹人口数量为 4 384.93 万人，其中农村人口为 2 785.6 万人，占总人口的比例为 65.06%，农业就业人员占就业人口比例的 39.72%。苏丹国民生产总值（GDP）为 408.52 亿美元，农业增加值占 GDP 的 31%，农业增加值年增长率为 -1.0%。

10.2 农产品生产情况

10.2.1 种植业生产情况

依据 2018 年联合国粮食及农业组织（FAO）官方数据，统计分析苏丹种植业产品生产情况，分别从农作物初级品产量、农作物初级品播种面积、农作物加工品产量不同维度对该国主要农产品生产规模（表 10 -1）及全球位次等进行展示，情况如下。

（1）农作物初级品产量

2018年苏丹主要农作物初级品产量：甘蔗6 084 000吨；高粱5 435 000吨（全球排名14/140[①]，占全球产量比例9.00%[②]）；花生（带壳）2 884 000吨（全球排名15/134，占全球产量比例5.67%）；谷子2 647 000吨（全球排名12/102，占全球产量比例8.34%）；洋葱1 717 273吨（全球排名31/169，占全球产量比例1.75%）；芝麻籽960 000吨（全球排名9/92，占全球产量比例16.17%）；香蕉913 217吨；小麦702 000吨；杧果656 472吨；番茄648 484吨。

（2）农作物初级品播种面积

2018年苏丹主要农作物初级品播种面积：高粱8 045 940公顷（全球排名8/140，占全球产量比例19.00%）；谷子3 752 700公顷（全球排名12/102，占全球产量比例11.21%）；芝麻籽3 480 960公顷（全球排名7/92，占全球产量比例29.45%）；花生（带壳）3 064 740公顷（全球排名14/134，占全球产量比例10.32%）；瓜子803 880公顷；小麦286 860公顷；葵花籽207 900公顷；籽棉191 940公顷；干豇豆135 332公顷；其他豆类105 434公顷（全球排名30/141，占全球产量比例1.68%）。

（3）农作物加工品产量

2018年苏丹主要农作物加工品产量：粗糖（离心糖）586 000吨；糖蜜375 000吨；棉籽352 640吨；棉绒187 340吨；花生油177 800吨（全球排名18/121，占全球产量比例3.20%）；葵花籽油30 000吨；芝麻油25 300吨；棉籽油13 900吨。

表10－1　2018年苏丹种植业生产情况

国内排名	初级品产量		初级品播种面积		加工品产量	
	产品	产量（吨）	产品	播种面积（公顷）	产品	产量（吨）
1	甘蔗	6 084 000	高粱	8 045 940	粗糖（离心糖）	586 000
2	高粱	5 435 000	谷子	3 752 700	糖蜜	375 000
3	花生（带壳）	2 884 000	芝麻籽	3 480 960	棉籽	352 640
4	谷子	2 647 000	花生（带壳）	3 064 740	棉绒	187 340
5	洋葱	1 717 273	瓜子	803 880	花生油	177 800
6	芝麻籽	960 000	小麦	286 860	葵花籽油	30 000
7	香蕉	913 217	葵花籽	207 900	芝麻油	25 300
8	小麦	702 000	籽棉	191 940	棉籽油	13 900
9	杧果	656 472	干豇豆	135 332		
10	番茄	648 484	其他豆类	105 434		

数据来源：FAO数据库。

① 全球排名14/140，198是指依据FAO统计数据源，2018年共140个国家生产高粱并提供了产量数据，各国产量由高到低排序，苏丹高粱产量全球排名位于第14位，余同。

② 全球产量占比9.00%指依据FAO统计数据源，2018年苏丹高粱产量占全球总产量（世界各国向FAO提供高粱产量数据之和）的比重为9.00%，余同。

10.2.2 畜禽生产情况

依据2018年联合国粮食及农业组织（FAO）官方数据，统计分析苏丹畜禽生产情况，分别从畜禽存栏量、畜禽初级品产量、畜禽加工品产量不同维度对苏丹主要农产品生产规模（表10－2）及全球位次进行展示，情况如下。

（1）畜禽存栏量

2018年苏丹主要牲畜存栏量：绵羊40 846 000只（全球排名26/209，占全球产量比例3.35%）；山羊31 837 000只（全球排名23/216，占全球产量比例3.00%）；牛31 223 000头（全球排名33/224，占全球产量比例2.09%）；驴7 608 854头（全球排名11/133，占全球产量比例15.24%）；骆驼4 872 000匹（全球排名11/64，占全球产量比例13.79%）；马791 668匹（全球排名38/181，占全球产量比例1.36%）；骡638头。主要禽类存栏量：鸡49 294 000只。

（2）畜禽初级品产量

2018年苏丹主要畜禽初级品产量：全脂牛奶2 965 000吨；山羊奶1 151 000吨（全球排名16/139，占全球产量比例5.65%）；绵羊奶414 000吨（全球排名24/107，占全球产量比例4.05%）；牛肉387 300吨；绵羊肉264 000吨（全球排名30/211，占全球产量比例2.69%）；骆驼肉145 000吨（全球排名9/52，占全球产量比例23.84%）；山羊肉119 000吨（全球排名22/203，占全球产量比例1.95%）；牛皮（新鲜）75 136吨（全球排名48/195，占全球产量比例0.89%）；鸡肉70 000吨；禽肉70 000吨。

（3）畜禽加工品产量

2018年苏丹主要畜禽加工品产量：奶酪105 071吨；奶酪（山羊奶奶酪）91 250吨；奶酪（绵羊奶奶酪）13 500吨；炼乳8 365吨；脱脂牛奶3 777吨；奶酪（全脂牛奶奶酪）321吨；黄油（牛奶黄油）161吨。具体如表10－2所示。

表10－2　2018年苏丹畜禽生产情况

国内排名	活动物		初级品		加工品	
	产品	存栏量（头、只或匹）	产品	产量（吨）	产品	产量（吨）
1	鸡	49 294 000	全脂牛奶	2 965 000	奶酪	105 071
2	绵羊	40 846 000	山羊奶	1 151 000	奶酪（山羊奶奶酪）	91 250
3	山羊	31 837 000	绵羊奶	414 000	奶酪（绵羊奶奶酪）	13 500
4	牛	31 223 000	牛肉	387 300	炼乳	8 365
5	驴	7 608 854	绵羊肉	264 000	脱脂牛奶	3 777
6	骆驼	4 872 000	骆驼肉	145 000	奶酪（全脂牛奶奶酪）	321
7	马	791 668	山羊肉	119 000	黄油（牛奶黄油）	161

（续表）

国内排名	活动物		初级品		加工品	
	产品	存栏量（头、只或匹）	产品	产量（吨）	产品	产量（吨）
8	骡	638	牛皮（新鲜）	75 136		
9			鸡肉	70 000		
10			禽肉	70 000		

数据来源：FAO 数据库。

10.3 农产品贸易情况

依据 2018 年联合国商品贸易统计数据库（UN Comtrade）官方数据，序化组织农业单品种多元形态数据信息（《商品名称及编码协调制度的国际公约》HS 国际贸易商品分类体系 6 位编码商品），例如，将马铃薯种用、非种用、粗粉、细粉、颗粒等进出口数据进行集成汇总与统计分析，分别从粮食作物及其制品、经济作物及其制品、畜禽农产品进出口额（量）不同维度展示苏丹主要农产品贸易情况，情况如下。

10.3.1 种植业农产品进出口情况

（1）粮食作物及其制品

2018 年苏丹主要进口的粮食作物及其制品总进口额和总进口量：谷物类中进口的主要农产品为小麦及混合麦（1 692 288 855 美元，5 012 665 543 千克）、稻米（43 610 598 美元，59 817 815 千克）和高粱（22 481 253 美元，104 404 676 千克）；块根块茎类中进口的主要农产品为马铃薯（3 817 160 美元，4 598 336 千克）；豆类中进口的主要农产品为扁豆（79 504 354 美元，61 943 050 千克）、蚕豆（37 690 539 美元，23 232 081 千克）和豌豆（1 276 483 美元，2 214 465 千克）。具体如图 10－1 所示。

2018 年苏丹主要出口的粮食作物及其制品总出口额和总出口量：谷物类中出口的主要农产品为高粱（27 523 056 美元，77 090 480 千克）、玉米（247 627 美元，140 496 千克）和稻米（193 837 美元）；块根块茎类中出口的主要农产品为马铃薯（53 美元，177 千克）；豆类中出口的主要农产品为鹰嘴豆（48 351 068 美元，39 240 860 千克）、芸豆（7 502 美元，19 880 千克）和豇豆（5 189 美元，11 300 千克）。具体如图 10－2 所示。

（2）经济作物及其制品

2018 年苏丹主要进口的经济作物及其制品总进口额和总进口量：油料作物类中进口的主要农产品为葵花与红花（47 642 214 美元，42 870 178 千克）、棕榈（47 037 302 美元，48 474 852 千克）和葵花籽（3 330 526 美元，392 154 千克）；糖料作物类中进口的主要农产品为甘蔗（1 675 955 美元，3 702 865 千克）和蜂蜜（313 421 美元）；饮料作物类中进口的主要农产品为咖啡（63 447 794 美元，19 816 959 千克）、茶（61 413 558 美元，33 267 134 千克）和可可（4 199 142 美元，372 979 千克）。具体如图 10－3 所示。

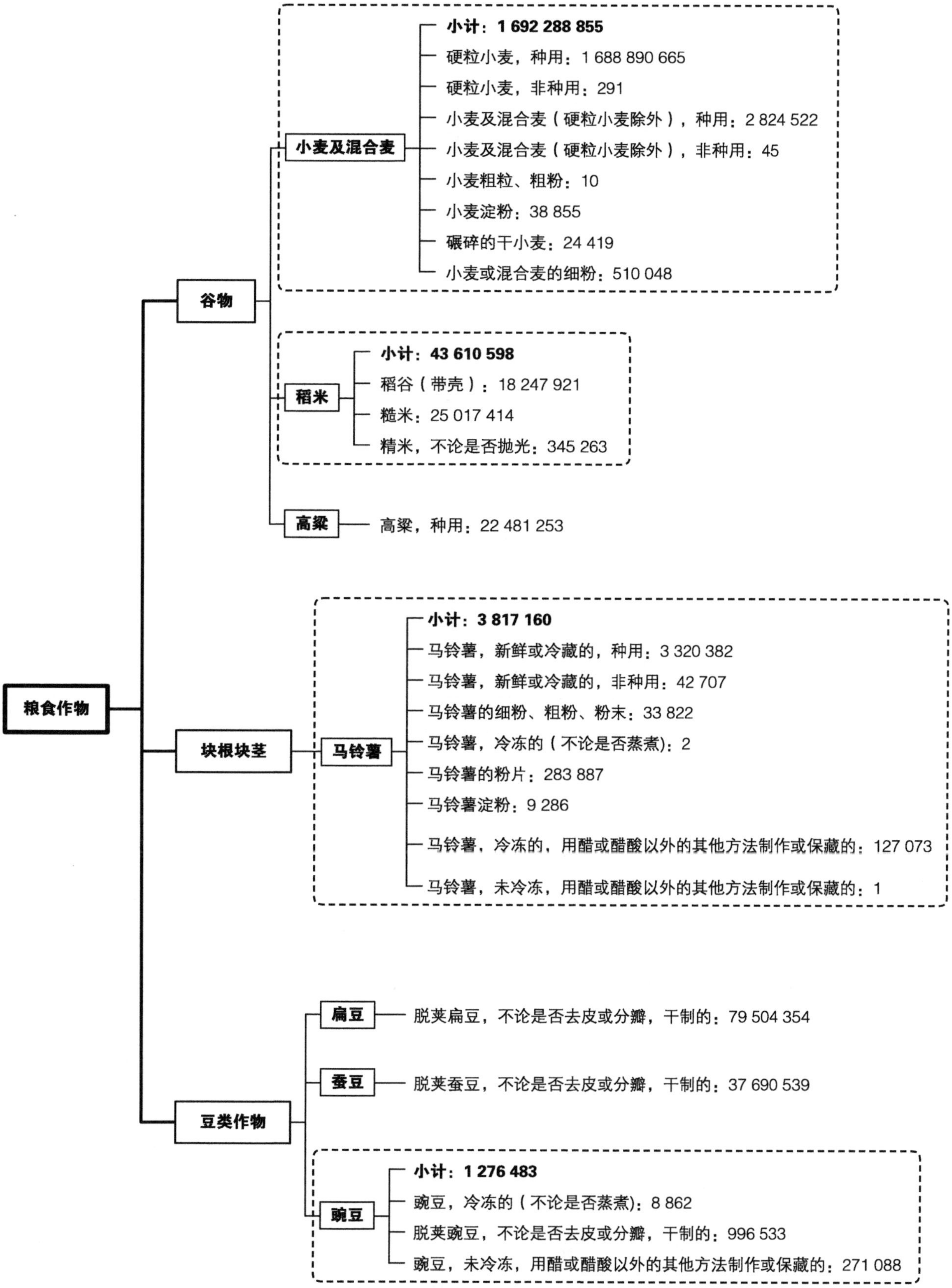

图 10－1　2018 年苏丹主要进口粮食作物及其制品进口额（单位：美元）

（数据来源：UN Comtrade 数据库）

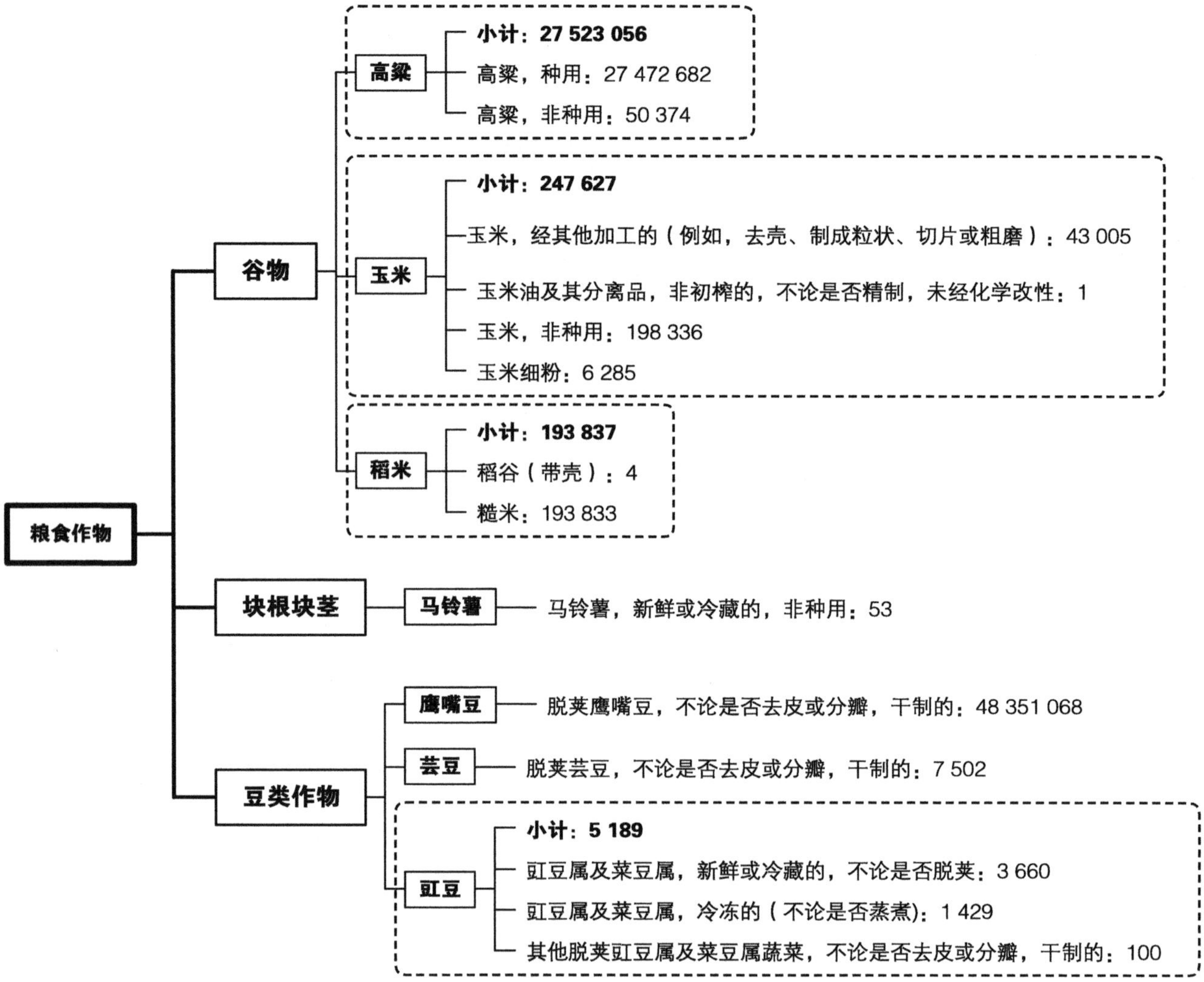

图 10－2　2018 年苏丹主要出口粮食作物及其制品出口额（单位：美元）

（数据来源：UN Comtrade 数据库）

2018 年苏丹主要出口的经济作物及其制品总出口额和总出口量：油料作物类中出口的主要农产品为芝麻（680 258 800 美元，252 320 473 千克）、花生（58 628 779 美元，32 562 028 千克）和葵花籽（66 267 美元，497 000 千克）；糖料作物类中出口的主要农产品为甘蔗（13 683 477 美元，74 055 985 千克）、甜菜（3 754 288 美元）；蔬菜中出口的主要农产品为洋葱（7 289 074 美元，10 913 647 千克）；南瓜（75 059 美元，233 700 千克）和辣椒（10 907 美元，2 500 千克）。具体如图 10－4 所示。

10.3.2　畜禽农产品进出口情况

2018 年苏丹主要进口的畜禽农产品总进口额和总进口量：家禽类主要进口产品包括鸡（7 861 096 美元，524 213 千克）、鹅（694 800 美元，119 282 千克）和鸭（334 558 美元，96 028 千克）；家畜类主要进口产品包括猪（10 286 367 美元，9 952 875 千克）、牛（7 156 585 美元，903 077 千克）和绵羊（847 511 美元，424 691 千克）；特种经济动物类主要进口产品包括蜂产品（60 486 037 美元，12 230 877 千克）。具体如图 10－5 所示。

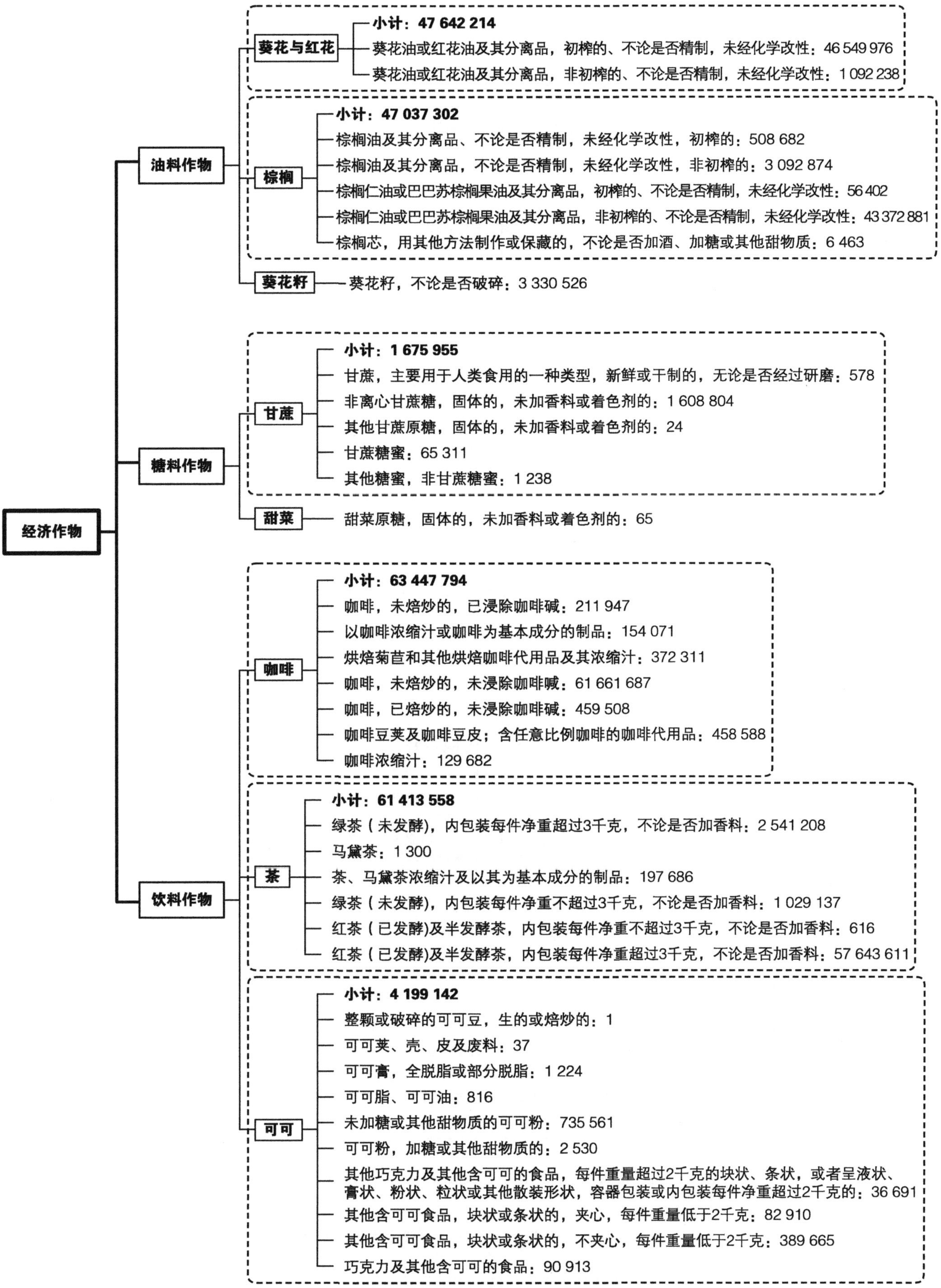

图 10－3　2018 年苏丹主要进口经济作物及其制品进口额（单位：美元）

（数据来源：UN Comtrade 数据库）

2018年苏丹主要出口的畜禽农产品出口额和出口量：家禽类主要出口产品包括鸡（211 985美元，64 152千克）、火鸡（17 743美元，62 000千克）和鸭（8 571美元，30 000千克）；家畜类主要出口产品包括绵羊（482 024 815美元，26 489 713千克）、骆驼（215 802 488美元，10 022 186千克）和牛（109 813 534美元，10 589 190千克）；特种经济动物类主要出口产品包括蜂产品（118 852美元，33 436千克）。具体如图10－6所示。

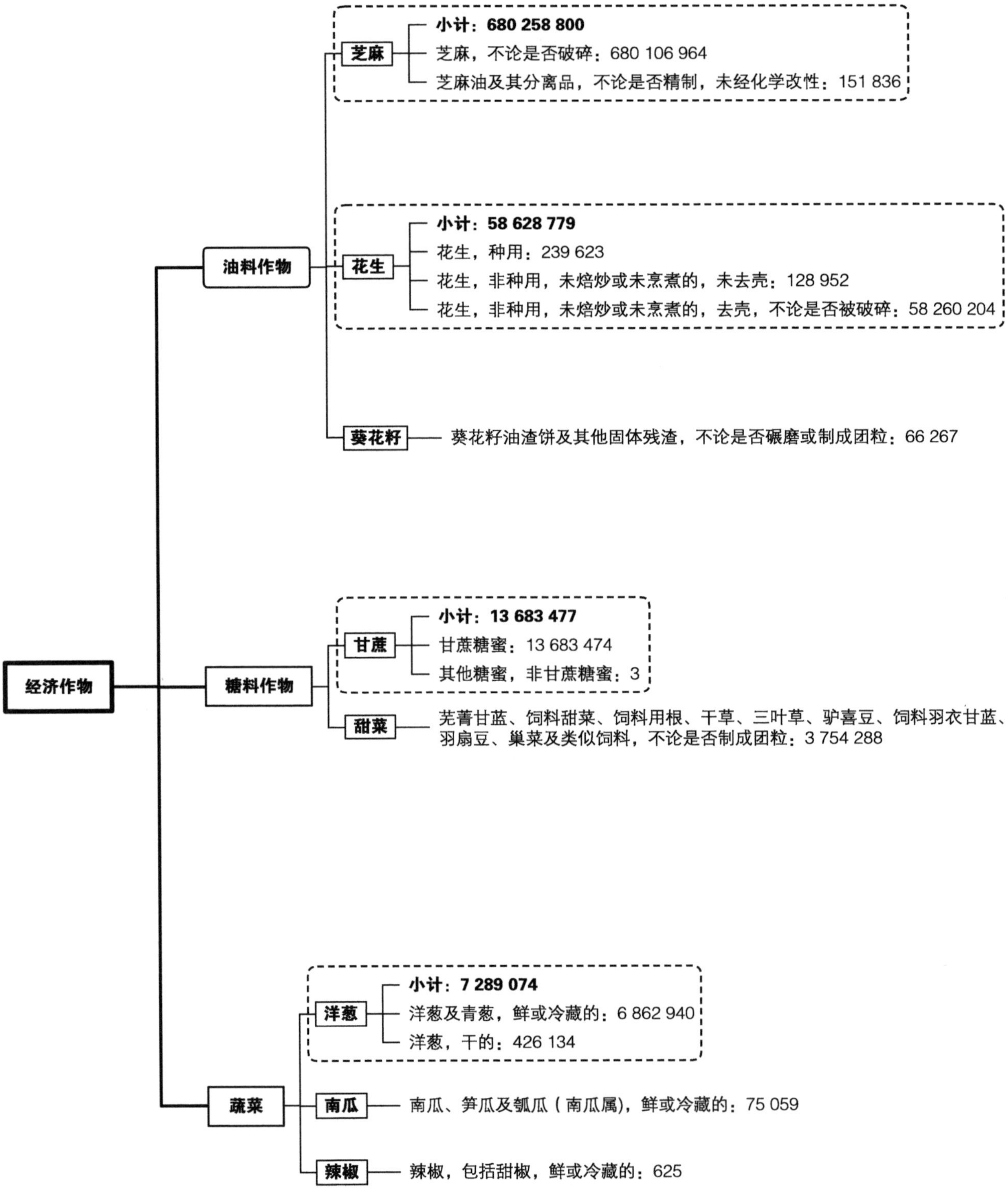

图10－4　2018年苏丹主要出口经济作物及其制品出口额（单位：美元）

（数据来源：UN Comtrade数据库）

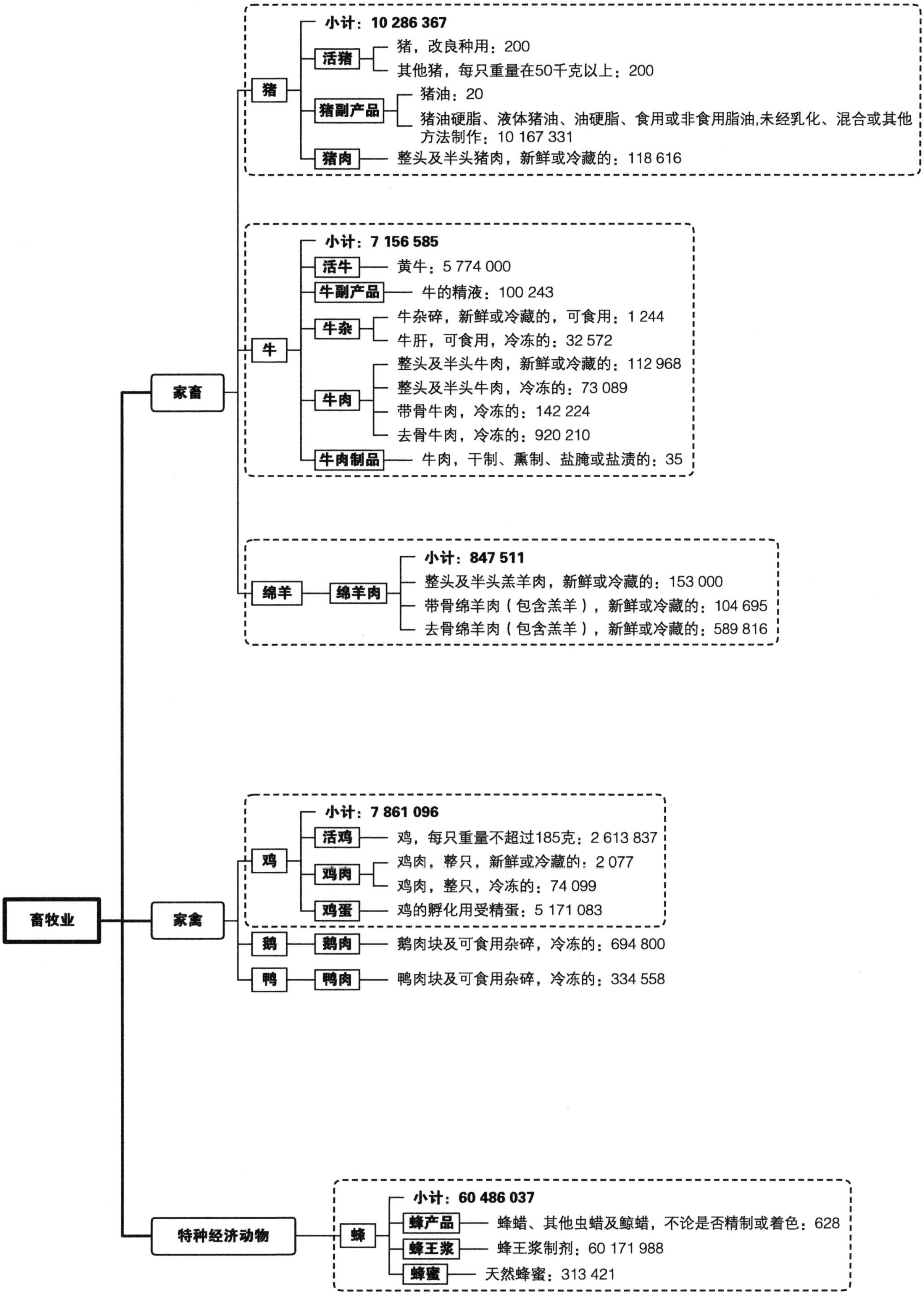

图 10－5　2018 年苏丹主要进口畜禽产品进口额（单位：美元）

（数据来源：UN Comtrade 数据库）

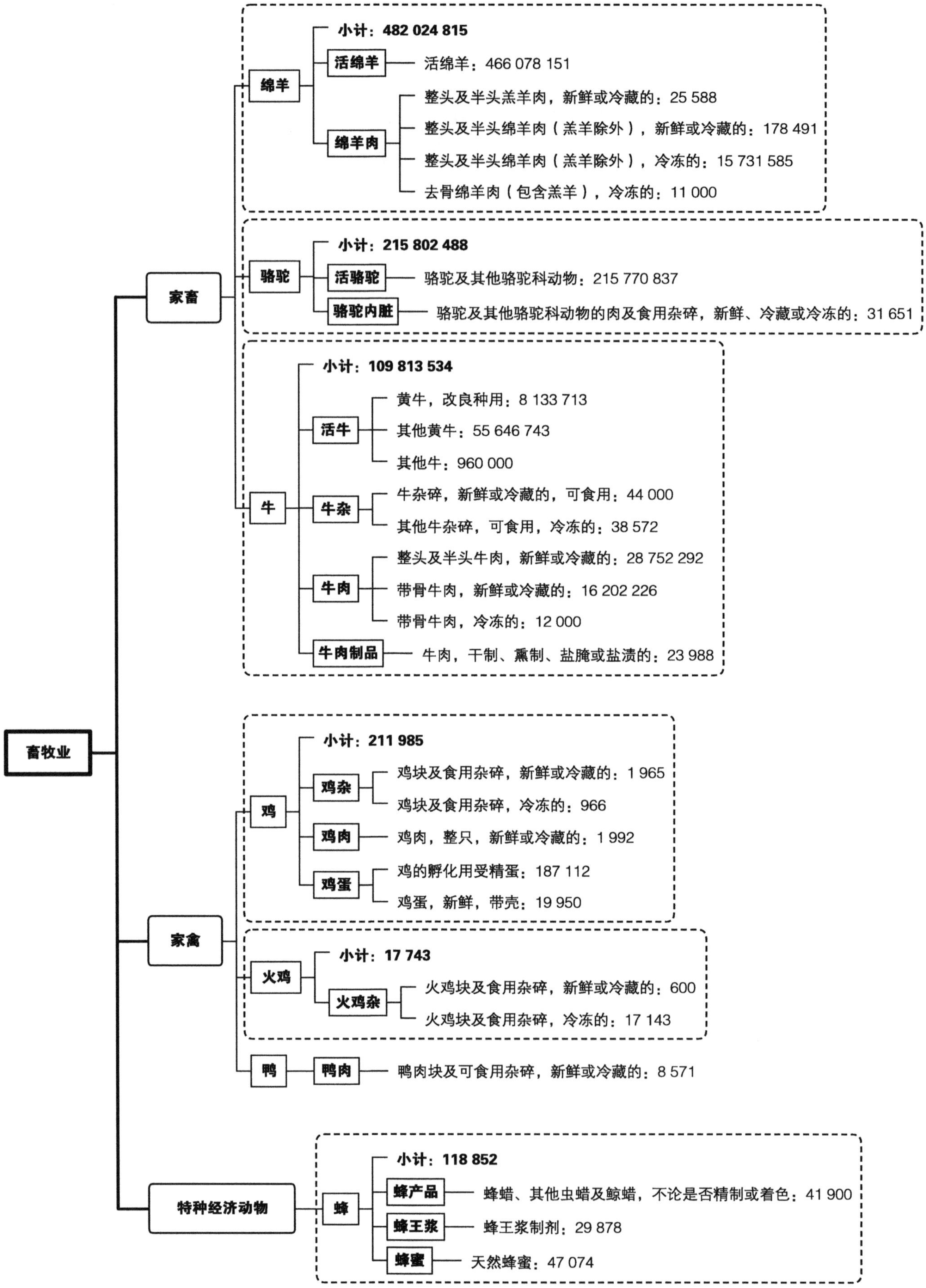

图 10－6　2018 年苏丹主要出口畜禽产品出口额（单位：美元）

（数据来源：UN Comtrade 数据库）

11 坦桑尼亚

11.1 国家基础数据

坦桑尼亚位于非洲东部、赤道以南，由坦噶尼喀（大陆）和桑给巴尔（岛）两部分组成，北与肯尼亚和乌干达交界，南与赞比亚、马拉维、莫桑比克接壤，西与卢旺达、布隆迪和刚果（金）为邻，东濒印度洋。国土面积94.5万平方千米，其中，桑给巴尔2 657平方千米。农业用地面积39.65万平方千米，年均降水量1 071毫米。坦桑尼亚人口数量为5 973.42万人，其中农村人口为3 799.36万人，占总人口的比例为65.5%，农业就业人员占就业人口比例的64.88%。坦桑尼亚国民生产总值（GDP）为580亿美元。

11.2 农产品生产情况

11.2.1 种植业生产情况

依据2018年联合国粮农组织（FAO）官方数据，统计分析坦桑尼亚种植业产品生产情况，分别从农作物初级品产量、农作物初级品播种面积、农作物加工品产量不同维度对坦桑尼亚主要农产品生产规模（表11－1）及全球位次等进行展示，情况如下。

（1）农作物初级品产量

主要农作物初级品产量：木薯8 372 217吨（全球排名22/115①，占全球产量比例2.84%②）；玉米6 273 151吨（全球排名44/198，占全球产量比例0.56%）；甘薯3 744 093吨（全球排名14/131，占全球产量比例4.07%）；稻米3 414 815吨（全球排名36/146，占全球产量比例0.45%）；香蕉3 395 499吨（全球排名24/149，占全球产量比例2.93%）；甘蔗3 117 812吨；其他新鲜蔬菜2 334 398吨（全球排名27/214，占全球产量比例0.77%）；干豆1 096 930吨（全球排名22/128，占全球产量比例3.66%）；马铃薯1 080 144吨；葵花籽1 000 000吨。

（2）农作物初级品播种面积

2018年坦桑尼亚主要农作物初级品播种面积：玉米3 546 448公顷（全球排名30/197，占全球产量比例1.80%）；腰果1 222 134公顷（全球排名9/64，占全球产量比例16.71%）；稻米1 032 902公顷（全球排名34/146，占全球产量比例0.62%）；木薯983 505公顷（全球排名19/115，占全球产量比例3.68%）；花生（带壳）980 000公顷（全球排名21/134，占全球产量比例3.30%）；葵花籽980 000公顷（全球排名19/99，占全球产量比例3.66%）；芝麻籽900 000公顷（全球排名15/92，占全球产量比例7.61%）；干豆896 646公顷（全球排名20/128，占全球产量比例2.51%）；椰子647 458公顷（全球排名12/105，占全球产量比例5.55%）；高粱609 567公顷（全球排名31/140，占全球产量比例1.44%）。

（3）农作物加工品产量

2018年坦桑尼亚主要农作物加工品产量：大麦啤酒450 000吨；粗糖（离心糖）371 400吨；葵花籽油264 200吨；棉籽222 039吨；棉绒116 967吨；糖蜜97 663吨；玉米油26 329吨；芝麻油25 000吨；棉籽油18 800吨；椰子油13 200吨。

表11－1　2018年坦桑尼亚种植业生产情况

国内排名	初级品产量		初级品播种面积		加工品产量	
	产品	产量（吨）	产品	播种面积（公顷）	产品	产量（吨）
1	木薯	8 372 217	玉米	3 546 448	大麦啤酒	450 000
2	玉米	6 273 151	腰果	1 222 134	粗糖（离心糖）	371 400
3	甘薯	3 744 093	稻米	1 032 902	葵花籽油	264 200
4	稻米	3 414 815	木薯	983 505	棉籽	222 039
5	香蕉	3 395 499	花生（带壳）	980 000	棉绒	116 967
6	甘蔗	3 117 812	葵花籽	980 000	糖蜜	97 663
7	其他新鲜蔬菜	2 334 398	芝麻籽	900 000	玉米油	26 329
8	干豆	1 096 930	干豆	896 646	芝麻油	25 000

① 全球排名22/115，115是指依据FAO统计数据源，2018年共115个国家生产木薯并提供了产量数据，各国产量由高到低排序，坦桑尼亚木薯产量全球排名位于第22位，余同。

② 全球产量占比2.84%指依据FAO统计数据源，2018年坦桑尼亚木薯产量占全球总产量（世界各国向FAO提供木薯产量数据之和）的比重为2.84%，余同。

（续表）

国内排名	初级品产量		初级品播种面积		加工品产量	
	产品	产量（吨）	产品	播种面积（公顷）	产品	产量（吨）
9	马铃薯	1 080 144	椰子	647 458	棉籽油	18 800
10	葵花籽	1 000 000	高粱	609 567	椰子油	13 200

数据来源：FAO 数据库。

11.2.2 畜禽生产情况

依据2018年联合国粮食及农业组织（FAO）官方数据，统计分析坦桑尼亚畜禽生产情况，分别从畜禽存栏量、畜禽初级品产量、畜禽加工品产量不同维度对该国主要农产品生产规模（表11－2）及全球位次进行展示，情况如下。

（1）畜禽存栏量

2018年坦桑尼亚主要牲畜存栏量：牛27 282 702头（全球排名35/224，占全球产量比例1.83%）；山羊18 497 912只（全球排名28/216，占全球产量比例1.74%）；绵羊7 945 775只；猪520 853头；驴187 619头。主要禽类存栏量：鸡37 992 000只；鸭1 357 000只。

（2）畜禽初级品产量

2018年坦桑尼亚主要畜禽初级品产量：全脂牛奶2 400 143吨；牛肉471 692吨；山羊奶211 041吨；牛皮（新鲜）90 710吨（全球排名44/195，占全球产量比例1.08%）；鸡蛋81 450吨；禽肉79 439吨；鸡肉78 110吨；牛杂碎70 754吨；山羊肉42 075吨（全球排名42/203，占全球产量比例0.69%）；蜂蜜30 694吨（全球排名38/159，占全球产量比例1.63%）。

（3）畜禽加工品产量

2018年坦桑尼亚主要畜禽加工品产量：脱脂牛奶877 537吨；脱脂奶粉103 838吨；黄油（牛奶黄油）26 942吨；奶酪（全脂牛奶奶酪）16 678吨；酥油（牛奶酥油）13 471吨。

表11－2　2018年坦桑尼亚畜禽生产情况

国内排名	活动物		初级品		加工品	
	产品	存栏量（头或只）	产品	产量（吨）	产品	产量（吨）
1	鸡	37 992 000	全脂牛奶	2 400 143	脱脂牛奶	877 537
2	牛	27 282 702	牛肉	471 692	脱脂奶粉	103 838
3	山羊	18 497 912	山羊奶	211 041	黄油（牛奶黄油）	26 942
4	绵羊	7 945 775	牛皮（新鲜）	90 710	奶酪（全脂牛奶奶酪）	16 678
5	鸭	1 357 000	鸡蛋	81 450	酥油（牛奶奶酪）	13 471
6	猪	520 853	禽肉	79 439		

（续表）

国内排名	活动物		初级品		加工品	
	产品	存栏量（头或只）	产品	产量（吨）	产品	产量（吨）
7	驴	187 619	鸡肉	78 110		
8			牛杂碎	70 754		
9			山羊肉	42 075		
10			蜂蜜	30 694		

数据来源：FAO 数据库。

11.3 农产品贸易情况

依据2018年联合国商品贸易统计数据库（UN Comtrade）官方数据，序化组织农业单品种多元形态数据信息（《商品名称及编码协调制度的国际公约》HS 国际贸易商品分类体系6位编码商品），例如，将马铃薯种用、非种用、粗粉、细粉、颗粒等进出口数据进行集成汇总与统计分析，分别从粮食作物及其制品、经济作物及其制品、畜禽农产品进出口额（量）不同维度展示坦桑尼亚主要农产品贸易情况，情况如下。

11.3.1 种植业农产品进出口情况

（1）粮食作物及其制品

2018年坦桑尼亚主要进口的粮食作物及其制品总进口额和总进口量：谷物类中进口的主要农产品为玉米（23 539 740 美元，29 234 283 千克）、大麦（21 624 754 美元，37 769 964 千克）和小麦及混合麦（17 419 318 美元，48 927 569 千克）；块根块茎类中进口的农产品为马铃薯（864 079 美元，4 281 663 千克）和甘薯（28 090 美元，202 160 千克）；豆类中进口的主要农产品为豌豆（6 574 587 美元，14 116 061 千克）、鹰嘴豆（429 104 美元，945 273 千克）和绿豆（215 266 美元，937 818 千克）。具体如图11－1所示。

2018年坦桑尼亚主要出口的粮食作物及其制品总出口额和总出口量：谷物类中出口的主要农产品为小麦及混合麦（151 173 168 美元，98 917 505 千克）、玉米（64 470 559 美元，6 681 063 千克）和稻米（5 044 576 美元，427 913 千克）；块根块茎类中出口的主要农产品为木薯（2 691 795 美元，611 365 千克）、马铃薯（98 879 美元，321 335 千克）和甘薯（691 美元，21 888 千克）；豆类中出口的主要农产品为豇豆（272 003 美元，3 463 562 千克）、豌豆（100 302 美元，5 536 316 千克）和干豆（99 816 美元，7 897 542 千克）。具体如图11－2所示。

（2）经济作物及其制品

2018年坦桑尼亚主要进口的经济作物及其制品总进口额和总进口量：水果中进口的主要农产品为葡萄（7 082 414 美元，4 242 606 千克）、苹果（3 613 046 美元，3 431 721 千克）和水果制品（2 969 675 美

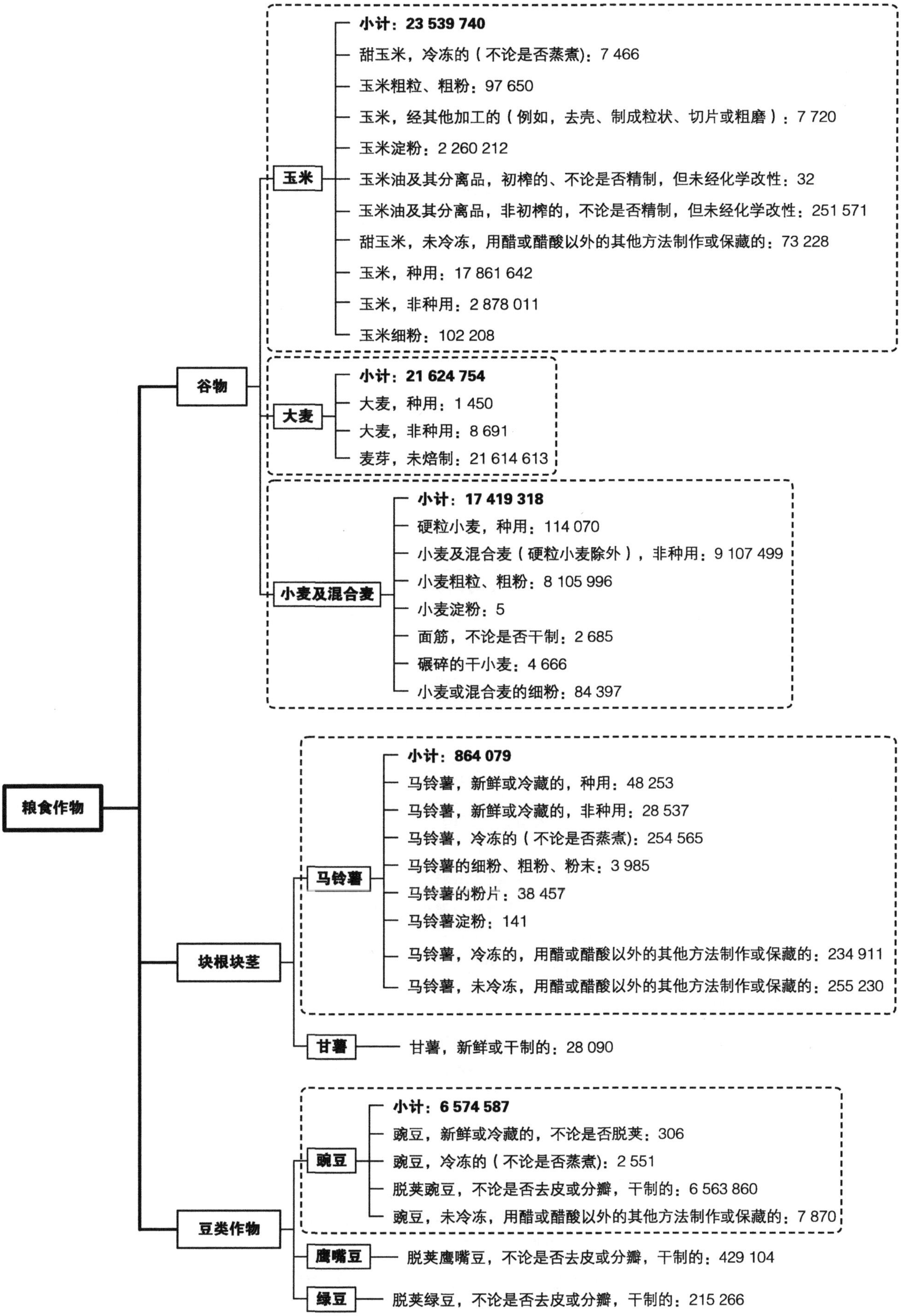

图 11－1　2018 年坦桑尼亚主要进口粮食作物及其制品进口额（单位：美元）

（数据来源：UN Comtrade 数据库）

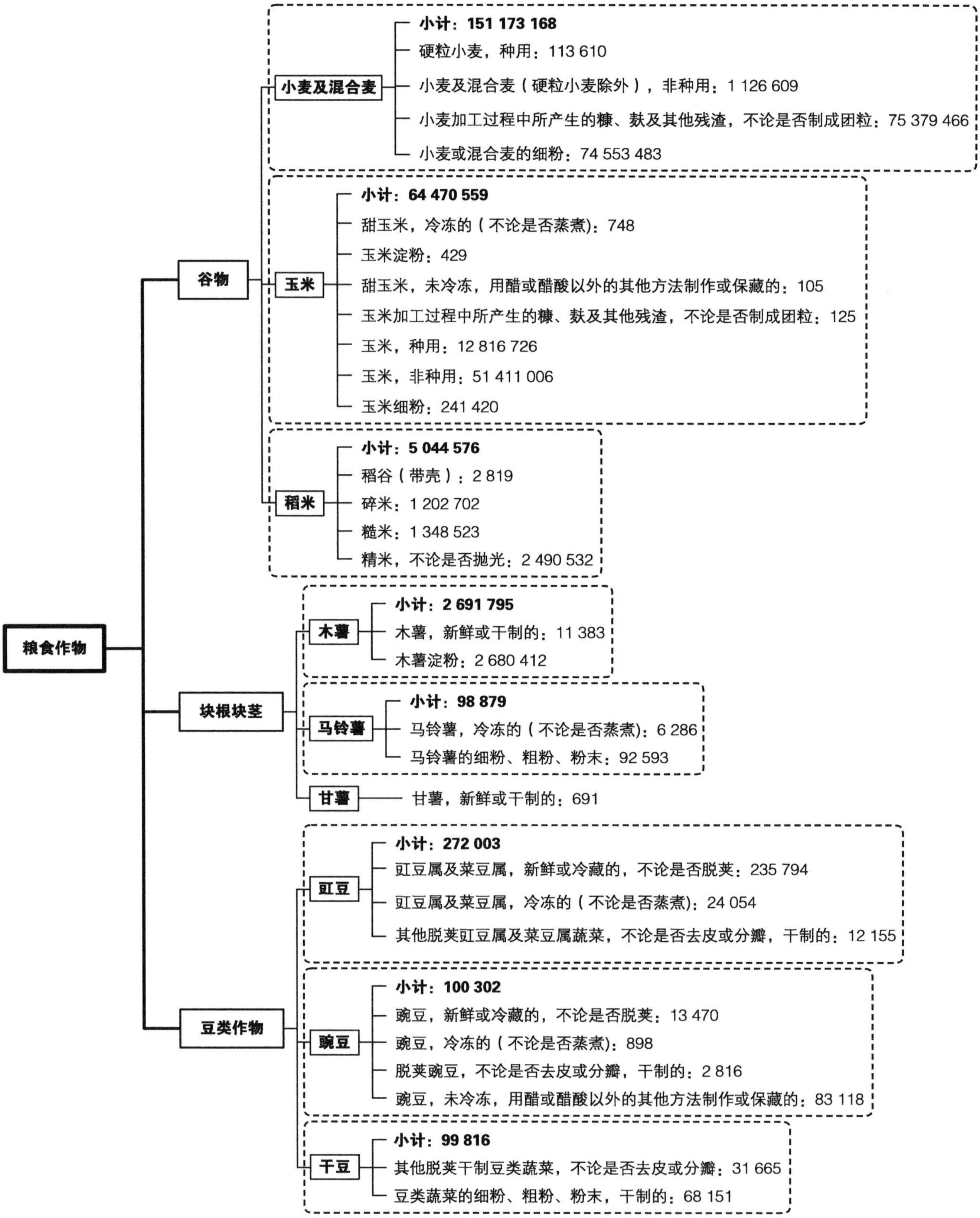

图 11－2　2018 年坦桑尼亚主要出口粮食作物及其制品出口额（单位：美元）

（数据来源：UN Comtrade 数据库）

元，3 147 327 千克）；油料作物类中进口的主要农产品为棕榈（219 960 001 美元，308 167 206 千克）、大豆（16 517 736 美元，32 765 195 千克）和花生（7 555 458 美元，12 585 093 千克）；糖料作物类中进口的主要农产品为甘蔗（1 032 534 美元，11 357 704 千克）和甜菜（57 885 美元，76 654 千克）。具体如图 11－3 所示。

- **经济作物**
  - **水果**
    - **葡萄**
      - **小计：7 082 414**
      - 葡萄汁，包括酿酒葡萄汁，糖度值不超过30度的，未发酵及未加酒精的，不论是否加糖或其他甜物质：2 679
      - 葡萄汁，包括酿酒葡萄汁，糖度值超过30度的，未发酵及未加酒精的，不论是否加糖或其他甜物质：118 496
      - 其他鲜葡萄酿造的酒、加酒精抑制发酵的酿酒葡萄汁，装入2升以上但不超过10升容器的：51 138
      - 其他鲜葡萄酿造的酒、加酒精抑制发酵的酿酒葡萄汁，装入超过10升容器的：480 052
      - 其他酿酒葡萄汁：1 416
      - 味美思酒及其他加植物或香料的用鲜葡萄酿造的酒，装入2升及以下容器的：12 195
      - 味美思酒及其他加植物或香料的用鲜葡萄酿造的酒，装入2升以上容器的：80 446
      - 其他发酵饮料（例如，苹果酒、梨酒、清酒、黄酒）；其他税目未列名的发酵饮料的混合物及发酵饮料与无酒精饮料的混合物：744 508
      - 蒸馏葡萄酒制得的烈性酒：753 311
      - 葡萄，新鲜的：370 068
      - 葡萄，干制的：11 960
      - 汽泡酒，鲜葡萄酿造的，包括加酒精的：245 510
      - 其他鲜葡萄酿造的酒、加酒精抑制发酵的酿酒葡萄汁，装入2升及以下容器的：4 210 635
    - **苹果**
      - **小计：3 613 046**
      - 苹果，干制的：3 035
      - 苹果汁，糖度值不超过20度的，未发酵及未加酒精的，不论是否加糖或其他甜物质：18 723
      - 苹果汁，糖度值超过20度的、未发酵及未加酒精的，不论是否加糖或其他甜物质：457 408
      - 苹果，新鲜的：3 133 880
    - **水果制品**
      - **小计：2 969 675**
      - 均化食品，烹煮的果酱、果冻、柑橘酱、果泥及果膏，不论是否加糖或其他甜物质：3 541
      - 烹煮的果酱、果冻、果泥及果膏，不论是否加糖或其他甜物质，柑橘属水果的：6 713
      - 其他未混合的水果汁或蔬菜汁，未发酵及未加酒精的，不论是否加糖或其他甜物质：677 321
      - 烹煮的果酱、果冻、果泥及果膏，不论是否加糖或其他甜物质，非柑橘属水果的：436 401
      - 混合汁，未发酵及未加酒精的，不论是否加糖或其他甜物质：1 845 699
  - **油料作物**
    - **棕榈**
      - **小计：219 960 001**
      - 棕榈油及其分离品、不论是否精制，但未经化学改性，初榨的：70 948 574
      - 棕榈油及其分离品，不论是否精制，但未经化学改性，非初榨的：148 697 917
      - 棕榈仁油或巴巴苏棕榈果油及其分离品，初榨的、不论是否精制，但未经化学改性：56 244
      - 棕榈仁油或巴巴苏棕榈果油及其分离品，非初榨的、不论是否精制，但未经化学改性：256 921
      - 棕榈芯，用其他方法制作或保藏的，不论是否加酒、加糖或其他甜物质：329
      - 棕榈果或棕榈仁的油渣饼及其他固体残渣，不论是否碾磨或制成团粒：16
    - **大豆**
      - **小计：16 517 736**
      - 大豆，种用：39 911
      - 大豆，非种用，不论是否破碎：1 293 398
      - 大豆粉：187 532
      - 其他含油子仁及果实的细粉及粗粉，但芥子粉除外：3 361
      - 豆油及其分离品，不论是否精制，但未经化学改性，初榨的、不论是否脱胶：1 868 735
      - 豆油及其分离品，不论是否精制，但未经化学改性，非初榨的，不论是否脱胶：630
      - 酱油：265 660
      - 油渣饼及其他固体残渣，提炼豆油所得的，不论是否碾磨或制成团粒：12 858 509
    - **花生**
      - 花生，非种用，未焙炒或未烹煮的，去壳，不论是否被破碎：7 544 172
  - **糖料作物**
    - **甘蔗**
      - **小计：1 032 534**
      - 甘蔗，适于人类食用的，新鲜，冷藏，冷冻或干制的：30
      - 非离心甘蔗糖，固体的，未加香料或着色剂的：10 013
      - 其他甘蔗原糖，固体的，未加香料或着色剂的：8 197
      - 甘蔗糖蜜：355 628
      - 其他糖蜜，非甘蔗糖蜜：514 836
      - 朗姆酒及其他甘蔗蒸馏酒：143 830
    - **甜菜**
      - **小计：57 885**
      - 色拉甜菜根、婆罗门参、块根芹、小萝卜及类似的食用根茎，新鲜或冷藏的：3 729
      - 甜菜，不论是否碾磨，新鲜或干制的：189
      - 甜菜原糖，固体的，未加香料或着色剂的：53 967

图 11－3　2018 年坦桑尼亚主要进口经济作物及其制品进口额（单位：美元）

（数据来源：UN Comtrade 数据库）

2018 年坦桑尼亚主要出口的经济作物及其制品总出口额和总出口量：水果中出口的主要农产品为水果制品（6 851 410 美元，2 031 848 千克）、香蕉（3 103 267 美元，642 969 千克）和牛油果（1 973 120 美元），油料作物类中出口的主要农产品为葵花籽（41 711 041 美元，59 251 742 千克）、棉籽（10 127 688 美元，32 000 494 千克）和大豆（9 529 715 美元，1 571 303 千克）；饮料作物类中出口的主要农产品为茶（47 268 048 美元，10 366 103 千克）、可可（6 761 622 美元，561 240 千克）和咖啡（4 161 966 美元，302 171 千克）。具体如图 11－4 所示。

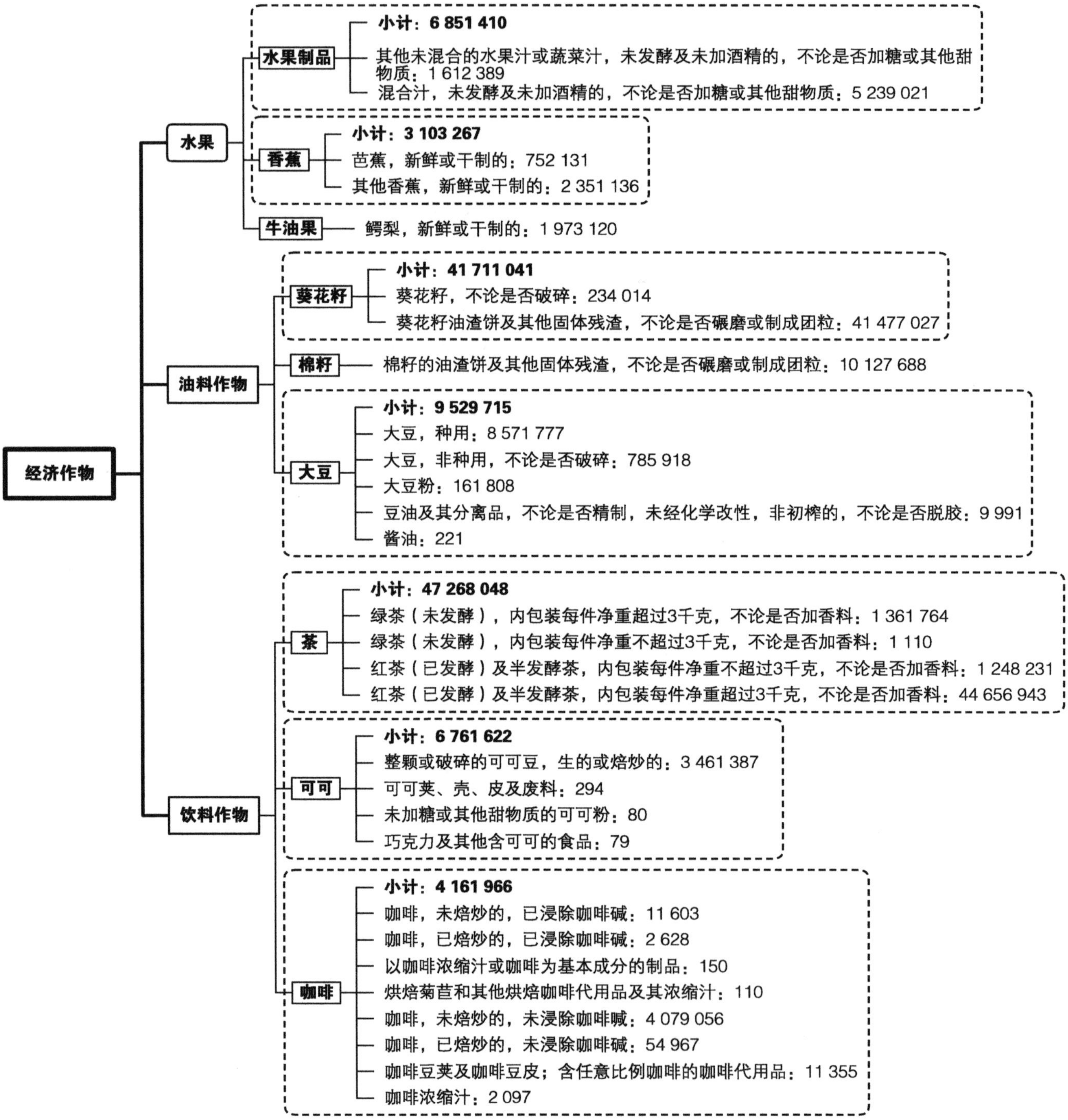

图 11－4　2018 年坦桑尼亚主要出口经济作物及其制品出口额（单位：美元）

（数据来源：UN Comtrade 数据库）

11.3.2 畜禽农产品进出口情况

2018年坦桑尼亚主要进口的畜禽农产品总进口额和总进口量：家禽类主要进口产品包括鸡（3 989 000美元，1 177 254千克）、鸭（37 747美元，55 100千克）和火鸡（9 811美元，1 405千克）；家畜类主要进口产品包括牛（1 799 770美元，435 849千克）、猪（996 670美元，303 000千克）和马（18 888美元，21 230千克）；特种经济动物类主要进口产品包括蜂产品（12 558 295美元，5 095 757千克）。具体如图11－5所示。

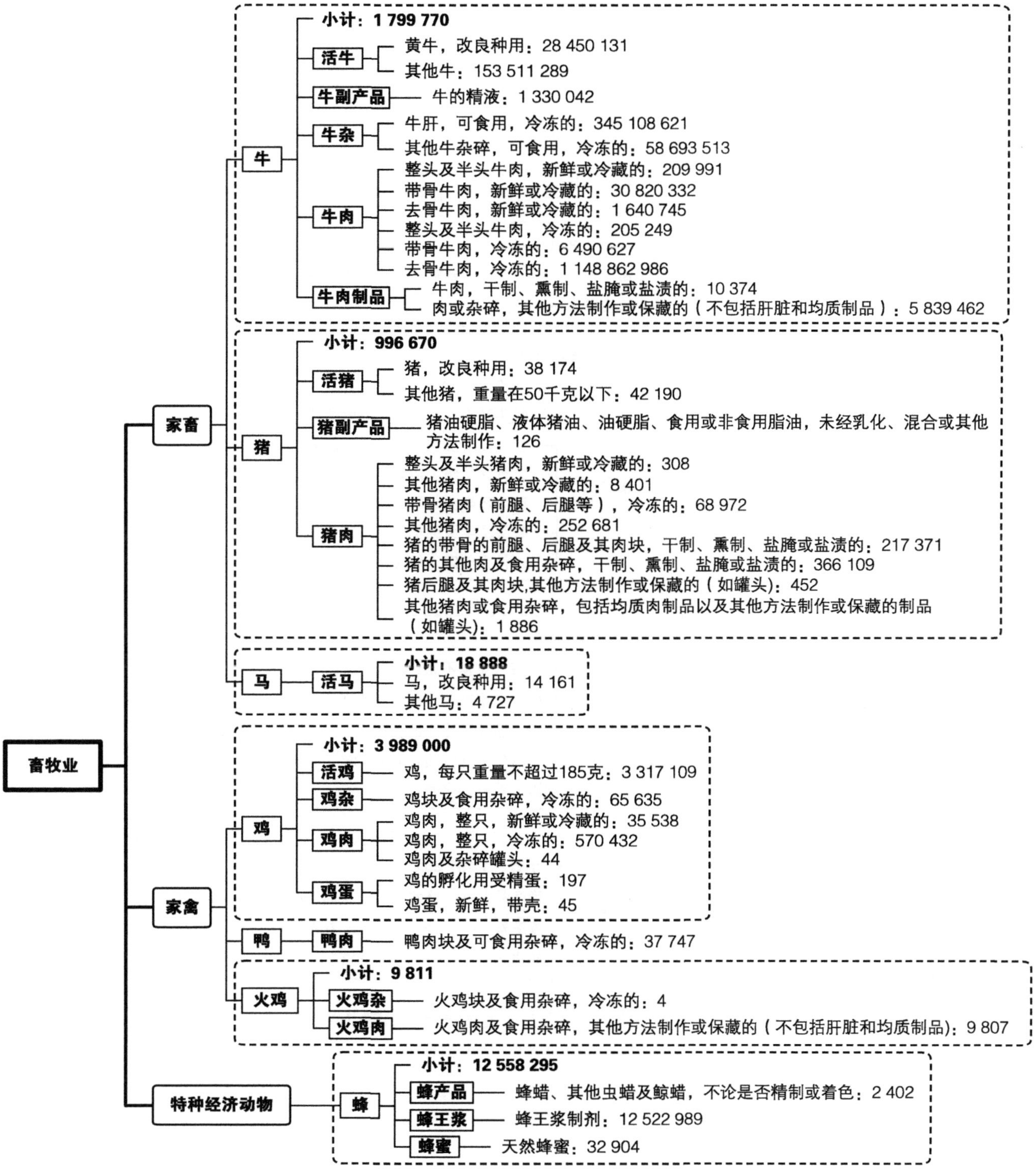

图11－5 2018年坦桑尼亚主要进口畜禽产品进口额（单位：美元）

（数据来源：UN Comtrade数据库）

2018 年坦桑尼亚主要出口的畜禽农产品出口额和出口量：家禽类主要出口产品包括鸡（228 686 美元，75 403 千克）；家畜类主要出口产品包括牛（3 377 109 美元，4 269 764 千克）、山羊（3 250 320 美元，1 333 172 千克）和绵羊（679 706 美元，204 160 千克）；特种经济动物类主要出口产品包括蜂产品（1 197 302 美元，361 303 千克）。具体如图 11 －6 所示。

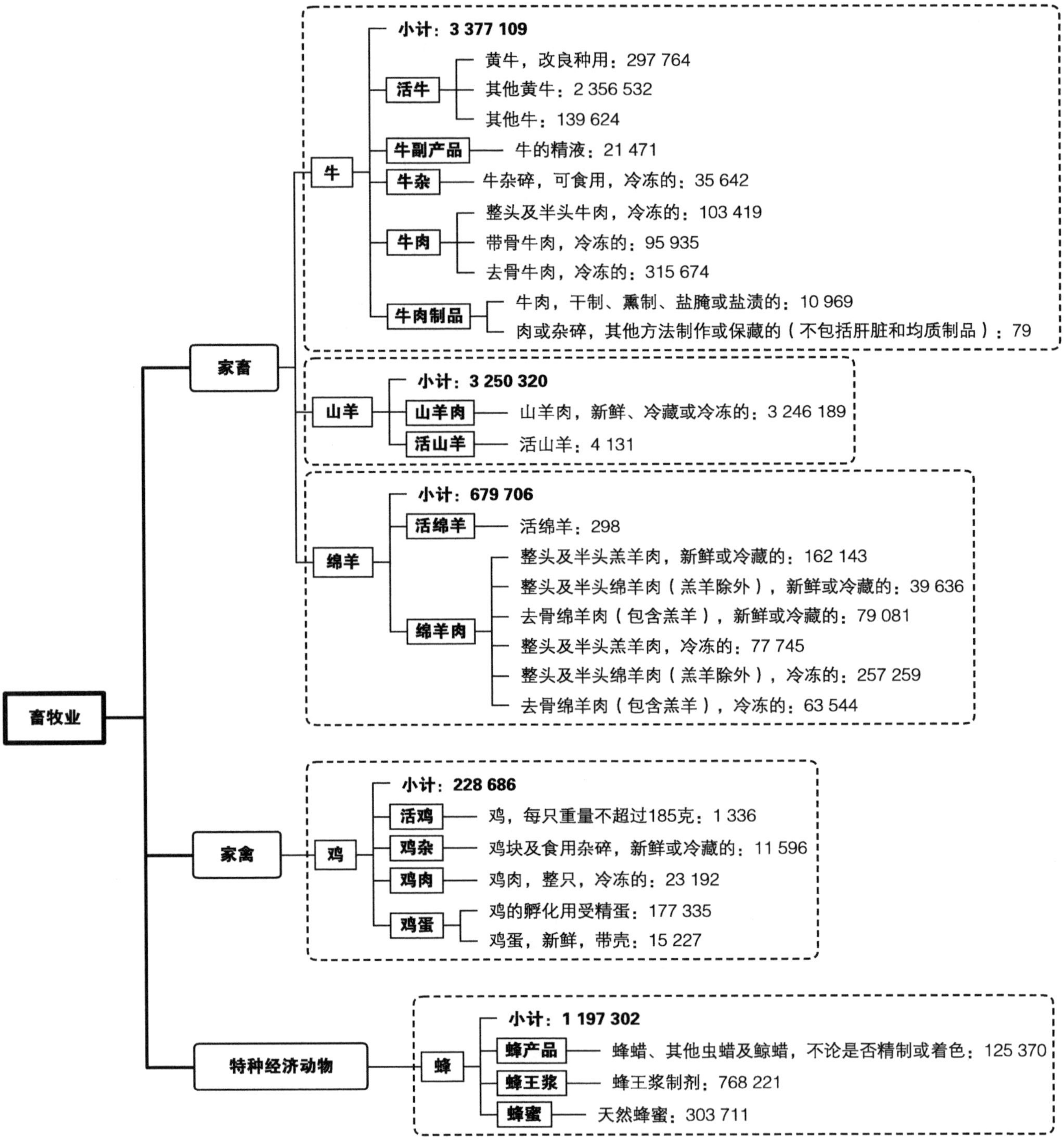

图 11 －6　2018 年坦桑尼亚主要出口畜禽产品出口额（单位：美元）

（数据来源：UN Comtrade 数据库）